Beck-Wirtschaftsberater

Praxis der Personalführung

Beck-Wirtschaftsberater

Praxis der Personalführung

Was Sie tun und lassen sollten

von Dr. Kurt Femppel
und Prof. Dr. Ernst Zander

2., vollständig überarbeitete Auflage

Deutscher Taschenbuch Verlag

Im Internet:

dtv.de

beck.de

Originalausgabe
Deutscher Taschenbuch Verlag GmbH & Co. KG,
Friedrichstraße 1a, 80801 München
© 2008. Redaktionelle Verantwortung: Verlag C.H. Beck oHG
Druck und Bindung: Druckerei C.H. Beck, Nördlingen
(Adresse der Druckerei: Wilhelmstraße 9, 80801 München)
Satz: ottomedien, Darmstadt
Umschlaggestaltung: Agentur 42 (Fuhr & Partner), Mainz
ISBN 978-3-423-50841-4 (dtv)
ISBN 978-3-406-56083-5 (C.H. Beck)

Vorwort zur 2. Auflage

Als im Jahre 2001 die 1. Auflage dieses Buches erschien, war das wirtschaftliche Umfeld in Deutschland grau in grau. Die Zahl der Arbeitslosen schwankte um die 4-Millionen-Marke – mit zunehmender Tendenz. Der „Erfolgsfaktor Mensch" war in erster Linie ein Kostenverursacher und wurde daher vielfach reduziert. Nicht die Personalgewinnung und Mitarbeiterorientierung standen im Vordergrund, sondern der Personalabbau. Die positive Beeinflussung der Leistungsbereitschaft und Leistungsfähigkeit der (verbleibenden) Mitarbeiter durch eine optimale Personalführung wurde vernachlässigt. Wirtschaftliche Ressourcen blieben damit ungenutzt.

Anfang des Jahres 2008 stehen die Zeichen nach einer langen Durststrecke wieder auf Wachstum. Manche Wirtschaftsweisen sprechen wieder von einem Boom – die kräftig sinkenden Arbeitslosenzahlen bestätigen einen solchen. Der Produktionsfaktor Mensch wird damit wieder knapper – langfristig durch die demografische Entwicklung sogar noch verstärkt.

Es bedarf daher keiner Hellseherei, um vorherzusagen, dass die deutschen Unternehmen in den kommenden Jahren ihre Bemühungen um qualifizierte und motivierte Mitarbeiter weiter verstärken werden. Die Bedeutung von Löhnen und Gehältern als Anreiz wird steigen. Der entscheidende Faktor für eine erfolgreiche Personalarbeit ist und bleibt aber die **Personalführung**. Ihr kommt im Rahmen der betrieblichen Personalpolitik eine zentrale Rolle bei der Erhöhung der Leistungsbereitschaft und Leistungsfähigkeit zu: Die Kernkompetenz Mensch gibt nicht nur die Unternehmensziele vor, sondern setzt diese auch um. Die „Praxis der Personalführung" soll künftige und heutige Führungskräfte dafür sensibilisieren. Den geborenen Führer gibt es – aber selten. Führungssituationen können jedoch bewusst gemacht, Führungseigenschaften geschult werden.

Die 2. Auflage wurde nicht nur aktualisiert, sondern auch um mehrere „Fallstudien zum Personalmanagement" erweitert. Führungskräfte mit Personalverantwortung sollen damit angeregt werden, über den eigenen Tellerrand hinauszuschauen und personalpolitische Zusammenhänge und Abhängigkeiten zu erkennen. Führungskräfte müssen in erster Linie Generalisten und nicht Spezialisten sein!

Herrschen beruht auf Macht, Führen auf Klugheit.

Ludwigsburg, Hamburg, im Winter 2007/2008   *Kurt Femppel*
Ernst Zander

P.S. Die erste Auflage wurde zwischenzeitlich auch ins Russische übersetzt.

Inhaltsverzeichnis

Teil I. Grundlagen der Personalführung

Kapitel 1. Was bedeutet Führung?

> „Grau, teurer Freund, ist alle Theorie"
> (Goethe).

Praktiker zitieren gern dieses geflügelte Wort (auch wenn sie Goethe nicht kennen), um damit eine fehlende Wissensgrundlage zu entschuldigen. Sie vergessen dabei zumindest, dass eine theoretische Betrachtung der Ordnung des Denkens über komplexe Problemzusammenhänge und damit dem besseren Verständnis dient. Auch, wenn für einen bestimmten Sachverhalt eine beweisbare Theorie fehlt.

Die Autoren bitten daher den Leser in dessen eigenem Interesse um Verständnis, wenn sie im ersten Kapitel wesentliche Aspekte der Personalführung zunächst theoretisch ansprechen. Dieses Vorgehen hat neben der Ordnung des Denkens noch ein weiteres Ziel: Klarheit darüber zu schaffen, was sich hinter welchen Begriffen verbirgt. Die schriftliche wie mündliche Kommunikation führt häufig nur deshalb nicht zu besseren Ergebnissen, weil Sender und Empfänger ein unterschiedliches Verständnis vom Inhalt einer gesendeten Botschaft haben. Dies soll im vorliegenden Buch von vornherein vermieden werden.

Was bedeutet Führung überhaupt?

Das Phänomen **Führung** beschränkt sich nicht auf erwerbswirtschaftliche Unternehmen, es ist vielmehr in allen hierarchisch aufgebauten Organisationen anzutreffen: in staatlichen Institutionen genauso wie in politischen Parteien, in der Kirche ebenso wie in Sportverbänden.[1] Kennzeichnend für diese Institutionen ist, dass in

---

1 Führung ist im Übrigen ein Phänomen, welches nicht nur bei Menschen auftritt, sondern auch im Tierreich. Erinnert sei nur an den Begriff des Rudelführers oder des Alpha-, Beta- oder Gamma-Huhns.

ihnen nicht nur **eine,** sondern zumindest zwei Personen über wechselseitige Handlungen miteinander verbunden sind und das Handeln dieser Personen im Hinblick auf ganz bestimmte angestrebte Ziele koordiniert werden muss.

In erwerbswirtschaftlich geführten Unternehmen erstreckt sich ein solcher Koordinationsbedarf nicht nur auf die dort tätigen Menschen, sondern auch auf die eingesetzten Sachmittel. Diesem umfassenden Begriff der **Unternehmensführung** steht der engere Begriff der **Personalführung** als Teilbereich für die Führung des Elements Personal gegenüber – Personal verstanden als Summe der in einem Unternehmen tätigen Menschen.

> **Tipp:** Personalführung bedeutet die zielorientierte persönliche Einflussnahme auf das Verhalten anderer Menschen zur Erfüllung bestimmter gemeinsamer Ziele oder Aufgaben.[2]

Mit anderen Worten: Der **Personalführung** kommt die Rolle zu, mit geeigneten Führungsinstrumenten und Führungstechniken den Konsens gemeinsamer Wertvorstellungen, Normen und Verhaltensmuster aller Mitarbeiter mit dem Ziel einer möglichst breiten Handlungsbasis für eine erfolgreiche Unternehmensführung zu schaffen. Im Rahmen der Personalpolitik eines Unternehmens ist die Personalführung sowohl auf eine erhöhte Leistungsbereitschaft – über die Motivation – als auch auf eine verbesserte Leistungsfähigkeit der Mitarbeiter – über das Können – ausgerichtet.

Personalführung hat zwei Dimensionen: eine **strukturelle** und eine **direkte** bzw. **interaktionelle.** In der zweiten Dimension – dem unmittelbaren Verhältnis zwischen Führendem und Geführten – dominiert die sozialpsychologische bzw. gruppensoziologische Betrachtungsweise sowie die Beschreibung und Bewertung des Führungsverhaltens von Führungskräften in Bezug auf ihre Mitarbeiter. Diese zweite Dimension, mit welcher sich schwerpunktmäßig die

---

2 Das Wort *Führung* – oder neudeutsch *Management* – geht übrigens auf das lateinische manus = Hand zurück, und drang im 16. Jahrhundert über das italienische *maneggiare* und das französische *manege* als Substantiv *management* ins Englische ein. Ein Manager ist damit ein Mensch, der einen anderen an die Hand nimmt und diesen führt oder leitet.

folgenden Ausführungen befassen, setzt die Grundsätze der strukturellen Führung in die Tagespraxis um.[3]

Die **direkte Personalführung** bewegt sich in keinem Freiraum, sondern vollzieht sich unter bestimmten situativen Rahmenbedingungen. Sie erfordert eine zweckmäßige und transparente Organisation. Durch Festlegen der Organisations**struktur** (der Aufgabengliederung) und der Stellenbesetzungen (Zuordnung von Aufgaben auf Stelleninhaber) werden die fachlichen Zuständigkeiten und persönlichen Verantwortungen deutlich. Sowohl Führungskräften als auch Mitarbeitern werden die ihnen übertragenen Handlungsspielräume aufgezeigt. Die Gestaltung einer solchen Führungsorganisation orientiert sich idealerweise an der Führungsphilosophie eines Unternehmens, die sich wiederum aus der Unternehmensphilosophie ableitet.

Die **Führungsorganisation** – sowohl die Aufbau- als auch die Ablauforganisation – war in den letzten Jahrzehnten von wesentlichen Veränderungen geprägt. Ökonomische Umweltveränderungen und ein Wertewandel in Gesellschaft und Wirtschaft führten zu einer veränderten Fragestellung nach der Funktion der Organisation. Eine jahrzehntelang vorherrschende **aufgabengeprägte** Rationalisierungsorganisation wandelte sich zum **mitarbeiterbezogenen** Träger von Motivation, Wissen und Können. An die Stelle zentraler Lenkung, Programmierung, Standardisierung und Normierung sowie einer Formalisierung von Arbeitsvollzügen mit intensiven Fremdkontrollen trat in zunehmendem Maße die Aktivierung des Leistungs- und Erfolgsstrebens einer intelligenten Mitarbeiterschaft.[4] Geprägt von einer neuen Führungsphilosophie trat das Vertrauen zunehmend an die Stelle des Misstrauens: aus einer **Misstrauens**organisation wurde eine **Vertrauens**organisation. Die „harten" Führungsinstrumente – Strategie, Struktur und Systeme – wurden in ihrer Bedeutung zunehmend von den „weichen", insbesondere von den sozialen Faktoren in der Unternehmenskultur, abgelöst.[5] Flexibilität, Kreativität, Risikobereitschaft und Sinngebung wurden zu

---

3 Vgl. Wunderer, R.,/Kuhn, Th. (1993), S. 112 ff.
4 Vgl. Bleicher, K. (1990), S. 152 ff.
5 Vgl. Bleicher, K. (1986), S. 98 ff.

zentralen Merkmalsanforderungen für eine zukunftsorientierte Systemgestaltung der Unternehmensorganisation.

Die **Führungsphilosophie** wird dokumentiert in generalisierenden Führungsgrundsätzen, -leitbildern oder -richtlinien. **Führungsgrundsätze** geben sowohl dem Mitarbeiter als auch dem Vorgesetzten die Möglichkeit, ihr Führungsverhalten an einer Richtschnur zu überprüfen und die Verantwortung für Verstöße besser zuzurechnen. Solche Führungsgrundsätze bedürfen jedoch der Ergänzung durch umfassendere **Personalpolitische Grundsätze**. Solche personalpolitischen Grundsätze bilden vor dem Hintergrund einer angestrebten einheitlichen Unternehmenskultur ein Koordinationsinstrument und entwickeln eine Klammerwirkung mit dem Ziel einer unternehmensweit einheitlichen Personalpolitik. Sie haben eine „handlungsleitende Funktion", die über die Personalplanung bis zur Personalentwicklung umgesetzt wird und mit dieser durchgreifenden Wirkung auf personalpolitische Handlungsfelder grundsätzlich auch die Motivation der Mitarbeiter beeinflusst.[6]

Personalführung ist im Übrigen keine Erfindung des 20. Jahrhunderts. Bereits im Alten Testament (Moses 2, 18) finden sich Hinweise zu Führungsaufgaben und zur Delegation: „Du kannst es allein nicht ausrichten ... Sieh Dich aber unter dem ganzen Volk um nach redlichen Leuten ... Die setze als oberste ... Nur wenn es eine größere Sache ist, sollen sie diese vor Dich bringen, alle geringeren Sachen aber sollen sie selbst richten." Von **Kaiser Claudius** (10 v. Chr. bis 54 n. Chr.) ist überliefert: „Vor allem kam es mir darauf an, das Verantwortungsgefühl jedes Beamten, jedes meiner Untertanen zu stärken. Das tat ich nicht nur, um einen zuverlässigen Regierungsapparat zu bekommen, sondern nach meiner Beobachtung bedeuten Stärken und Mehren der Verantwortung eine erhöhte Leistung." Selbst der heute als so modern propagierte **kooperative Führungsstil** war bereits im Mittelalter bekannt. So ist in den Mönchsregeln des Heiligen Benedikt (480 bis 547 n. Chr.) u. a. zu lesen: „Die Brüder sollen zur Beratung herbeigezogen werden. Sooft im Kloster eine wichtige Angelegenheit zu entscheiden ist, rufe der Abt die ganze Klostergemeinde zusammen und lege selbst dar, worum es sich han-

---

6 Vgl. Oechsler, W. A. (2006).

delt. Und er höre den Rat der Brüder an, überlege dann bei sich und tue, was nach seinem Urteil das Nützlichste ist. Dass aber alle zur Beratung herbeigezogen werden, bestimmen wir deshalb, weil der Herr oft einem Jüngeren offenbart, was das Beste ist."

Die Träger der Personalführung: die Führungskräfte

Wer sind diese Führungskräfte?

Auch Führungskräfte sind zunächst einmal Mitarbeiter, allerdings mit besonderen Merkmalen. Sie bilden eine vergleichsweise kleine, aber trotzdem sehr heterogene Gruppe innerhalb eines Unternehmens. Arbeitsvertraglich sowie in Tarifverträgen haben sie häufig eine Sonderstellung, ebenso im Betriebsverfassungsgesetz. Funktional sind sie entweder der Fach-, Projekt- oder Führungslaufbahn zuzuordnen.

Eine differenzierende Betrachtung unter hierarchischen, tariflichen und betriebsverfassungsrechtlichen Aspekten zeigt ihre heterogene Struktur (Abb. 1).

Hierarchisch	Tariflich	Betriebsverfassungsrechtlich	Funktional		
Oberer	AT-Mitarbeiter	Leitender	Fach-	Füh-	Pro-
Mittlerer			laut-	rungs-	jekt-
		Nicht-Leitender	bahn	lauf-	lauf-
Unterer Führungskreis	Tarif-Mitarbeiter	Angestellter		bahn	bahn

Abb. 1: Abgrenzungskriterien von Führungskräften

Sie haben jedoch eine Gemeinsamkeit: ihre herausragende Bedeutung für das Unternehmen bzw. die Unternehmenspolitik. Insofern kann eine Führungskraft wie folgt definiert werden:

> **Tipp:** Führungskraft ist, wer nach Arbeitsvertrag oder Dienststellung im Unternehmen regelmäßig Aufgaben erfüllt, die Initiative und Verantwortung verlangen und die ihr aufgrund besonderer Kompetenz, Kenntnisse und Erfahrungen wegen ihrer Bedeutung für den Bestand und die Entwicklung des Unternehmens übertragen worden sind.

Sofern die Führungskräfte **Personalverantwortung** tragen, also Disziplinarvorgesetzte anderer Mitarbeiter sind, bilden sie einen „verlängerten Arm" der Unternehmensleitung. Sie sind damit die unmittelbaren Träger der Personalführung. Personalverantwortung bedeutet in diesem Zusammenhang Entscheidungsvollmacht im Rahmen der unternehmensintern geltenden Kompetenzen in personellen Einzelfragen wie Personalauswahl, Personaleinsatz, Vergütung, Beförderung oder Trennung.

Führungskräfte mit Personalverantwortung – sie gelten landläufig als **Vorgesetzte** – haben im Übrigen ein Doppelgesicht: Als „Janusköpfe" sind sie nicht nur verlängerter Arm der Unternehmensleitung, sondern selbst auch wiederum „Mitarbeiter" – nämlich ihres nächsthöheren Vorgesetzten.

Jede Führungskraft befindet sich in einem besonderen spezifischen Umfeld. Die einzelnen Mitarbeiter haben unterschiedliche Einstellungen zu ihrer Aufgabe und zu ihren Kollegen. Sie sind unterschiedlich im Können und im Wollen, und sie arbeiten üblicherweise nicht als Einzelkämpfer, sondern in einer Gruppe. Innerhalb einer solchen Gruppe gibt es vielfältige Gruppenbeziehungen, die konstruktiv oder destruktiv wirken können und sich im Zeitablauf verändern. Sie gestalten sich in einer schwierigen wirtschaftlichen Lage eines Unternehmens anders als in einer Phase der Vollbeschäftigung: In einer Rezession werden die Kollegen[7] zum Wettbewerber um knapper gewordene Arbeitsplätze.

---

7 Wenn in der vorliegenden Arbeit nur von Mitarbeitern oder Kollegen gesprochen wird und nicht auch von Mitarbeiterinnen und Kolleginnen, dann geschieht dies nur wegen der (flüssigeren) Lesbarkeit und keineswegs aus einer Geringschätzung des weib-

Führungstätigkeiten, Führungstechniken und Führungseigenschaften

Führungstätigkeiten, Führungstechniken und Führungseigenschaften – drei Begriffe, die häufig auch synonym verwendet werden, ohne dass im Einzelfall klar ist, was die Verfasser darunter verstehen.

Der Betrachtung der **Führungstätigkeiten** liegt eine sach-, funktions- oder aufgabenbezogene Sichtweise zugrunde. Sie ist prozessorientiert und zunächst personenunabhängig, bildet also in gewissem Sinn den Inhalt Führung. **Probleme erkennen, Ziele setzen, planen, entscheiden, delegieren, koordinieren, kontrollieren und informieren** gehören funktionsimmanent zu jeder Führungsaufgabe. Sie sind Bestandteil jeder Organisationsstruktur und bilden die Instrumente zur Steuerung des Verhaltens der Organisationsmitglieder – also der Mitarbeiter – zur Sicherstellung einer gemeinsamen dauerhaften Zielverfolgung. Organisationsstrukturen regeln zuallererst die Arbeitsteilung, d. h. die Spezialisierung. Eine solche arbeitsteilig zu erbringende Leistung wiederum bedarf der Koordination, deren wichtigstes Instrument die Hierarchie in der Person der Führungskräfte darstellt. Sie kann Entscheidungen fällen und Weisungen erteilen – und damit auch Entscheidungsbefugnisse und Kompetenzen delegieren.

Um Führungstätigkeiten ausüben zu können, bedarf es bestimmter **Führungstechniken**, genauer gesagt der Kenntnis bestimmter Instrumente, Methoden und Systeme. Gefragt ist ein bestimmtes Führungswissen: Organisationsprinzipien wie zweckmäßige Aufbau- und Ablauforganisation oder Kompetenzzuweisung und -abgrenzung, Betriebsverfassungs-, Tarif- und (Arbeits)-Vertragsrecht, Budgetierung, Moderationstechnik, Kommunikationstechniken, Personalauswahl und -beurteilung sowie Motivation. Mit anderen Worten: Es geht um das **Kennen und Erkennen bestimmter Sachverhalte**. Dieses Kennen bildet die Grundlage für das **Können** der dritten, sicher schwierigsten Dimension der Personalführung.

lichen Geschlechts. Die Autoren bitten daher darum, diese Begriffe jeweils geschlechtsneutral zu verstehen.

Diese dritte Dimension, die **Führungsfähigkeit**[8], kreist im Grunde genommen um die Frage, wie die zu führenden Mitarbeiter so motiviert werden können, dass sie ihre Aufgaben im Sinne des unternehmerischen Gesamtinteresses optimal lösen. **Wie** setze ich die mir als Führungskraft zur Verfügung stehenden Mittel ein? **Wie** behandle ich meine Mitarbeiter? **Wie** kann ich sie mitreißen? **Wie** kann ich sie überzeugen? Ehe wir auf diese Punkte zu einem späteren Zeitpunkt eingehen, wollen wir erstens einmal fragen, warum Menschen überhaupt arbeiten und zweitens, welche Fähigkeiten erforderlich sind, um Menschen führen zu können.

Motivation als Grundlage von Führungstheorien

So banal es klingen mag, der Mensch arbeitet im Grunde genommen um leben zu können, um seinen Lebensunterhalt zu bestreiten. Folgt man der **Maslow'schen** Bedürfnispyramide, dann wird dieses Grundbedürfnis ergänzt und überlagert durch weitere Bedürfnisse in Form von Sicherheit und Schutz, sozialer Einbindung und Anerkennung sowie Selbsterfüllung (Abb. 2).

Abb. 2: Maslow'sche Bedürfnispyramide (zitiert nach Zander/Femppel, 2000, S. 16)

---

8 Manche Autoren sprechen auch von *Führungskunst*.

Auch wenn die **Maslow'sche** Motivationstheorie ähnlich wie die **Herzberg'sche** Theorie der Motivatoren und Hygienefaktoren weder theoretisch gut fundiert noch empirisch gestützt ist, hat sie weite Beachtung und Verbreitung gefunden, da sie zumindest zeigt, dass die menschliche Bedürfnisskala sehr differenzierter Natur ist.

Was der Mensch in sein Arbeitsverhältnis zunächst einmal einbringt, ist seine **Leistungsfähigkeit.** Die Erfüllung von Anforderungen, wie sie an einem Arbeitsplatz gestellt werden, ist an die Ausübung und Anwendung von fachlichem Können, von Fähigkeiten und Fertigkeiten sowie von Fachwissen gebunden. Den Grad der tatsächlichen Ausschöpfung einer gegebenen Leistungsfähigkeit bestimmt die **Leistungsbereitschaft.** Auch wenn letzten Endes jeder Mensch eine individuelle Bedürfnisskala besitzt, gilt generell, dass die individuelle Leistung vor allem durch das Ausmaß der **individuellen Arbeitszufriedenheit** beeinflusst wird, die wiederum durch die sich aus einer Arbeitsaufgabe ergebenden **Leistungsanreize** determiniert wird. Der Mensch ist **dann** zur Aktivierung seiner Leistungskräfte bereit, wenn er entweder für seinen Ressourceneinsatz (als „inputorientierte" Arbeitsleistung) und/oder für sein Arbeitsergebnis (als „outputorientierte" Arbeitsleistung) entsprechende Gegenleistungen in Form von Anreizen erhält. Anreize aktivieren Motive und ergeben in ihrer Summe die individuelle Motivation. Das Bündel der durch Anreize in einem Arbeitsverhältnis aktivierten Motive bildet damit die **Arbeitsmotivation.**

Unter Leistungsanreizen sind in einer weiten Definition alle in einem Unternehmen bewusst geschaffenen materiellen und immateriellen Arbeitsbedingungen zu verstehen, die das individuelle Leistungsverhalten aufgrund positiv empfundener, weil (belohnender) Anreize steigern und/oder ein ungewolltes Verhalten aufgrund negativ besetzter (sanktionierender) Anreize unterdrücken. Demgemäss präsentieren Leistungsanreize sämtliche Faktoren, die Mitarbeiter seitens ihres Unternehmens dafür erhalten, dass sie ihr Verhalten konform an den angestrebten Unternehmenszielen ausrichten. Dieses Verhalten der Mitarbeiter folgt – wie bei den Unternehmen selbst auch – im Grunde dem ökonomischen Prinzip: Aufwandsminimierung oder Erlösmaximierung. Jedes Unternehmen, welches sich an diesem ökonomischen Prinzip orientiert, tut daher gut daran sich bewusst zu machen, dass seine Mitarbeiter im Grunde genommen ebenso denken und handeln.

Einen der wichtigsten Leistungsanreize bildet die Personalführung. Das Erkennen der individuellen Motive der Mitarbeiter durch die Führungskraft bildet die Voraussetzung für die Abstimmung der Motivation des einzelnen Mitarbeiters mit den Situationsanforderungen, die aus den Aufgaben und Zielen des Unternehmens abgeleitet werden. Dieses sozialpsychologische Problem der innerbetrieblichen Zusammenarbeit ist nur lösbar, wenn die Führungskraft die Erkenntnisfähigkeit besitzt, dass sich seine/ihre Mitarbeiter situationsabhängig verhalten (können). Deren tatsächliches Handeln wiederum hängt davon ab,

- welches Verhalten die jeweilige Aufgabe von ihnen fordert,
- welche Verhaltensvorstellungen sich mit ihrer betrieblichen Rolle verbinden und
- welche Verhaltenserwartungen sie sich selbst gegenüber vor dem Hintergrund ihrer Lebens- und Berufserfahrung hegen.

Tipp: Es sind damit die Motive der Mitarbeiter, auf welche das Führungsverhalten der Führungskraft vor dem Hintergrund der jeweiligen Situation abgestellt werden muss.

Führungseigenschaften

In zahlreichen Untersuchungen wurde schon der Frage nachgegangen, welche Eigenschaften eine Führungskraft haben muss, um erfolgreich führen zu können. Eine analytische Trennung in vier Eigenschafts- oder Kompetenzblöcke[9] führt zu einer Differenzierung nach der

- **Fachkompetenz**, worunter die allgemeinen Fachkenntnisse, das technische Vorausdenken sowie ein wirtschaftliches Grundverständnis zu verstehen sind,
- **Methodenkompetenz** im Sinne eines interdisziplinären Denkens

---

9 Kompetenz ist in diesem Zusammenhang nicht als *Entscheidungsvollmacht*, sondern als *Fähigkeit* zu verstehen.

und Handelns, von Organisationsfähigkeit und Selbstorganisation sowie analytischem Denken,

- **Sozialkompetenz**, verstanden als Konflikt-, Team-, Kooperations-Kommunikations- und Kontaktfähigkeit, Verhandlungsgeschick und Durchsetzungsvermögen und schließlich
- **Persönlichkeitskompetenz** mit Eigenschaften wie Kreativität, Stressstabilität und Belastbarkeit, Risikobereitschaft, Entscheidungsfähigkeit und Verantwortungsbereitschaft.

Nachdem jedoch in beinahe jeder Untersuchung zum Thema Führungseigenschaften andere Eigenschaften „entdeckt" werden, in denen sich erfolgreiche Führungskräfte und „Geführte" unterscheiden sollen, sind die Ergebnisse der bisherigen Forschungsarbeit wenig ermutigend. **Man muss daher davon ausgehen, dass es keine universalen Führungseigenschaften gibt.** Eigenschaften, persönliche Qualitäten, die dazu beitragen, dass ein Mensch in einer bestimmten Gruppe in einer konkreten Situation eine führende Rolle spielt, können in anderen Gruppen und Situationen für die Ausübung einer Führungsrolle belanglos sein oder ihr sogar entgegenstehen.

Wir müssen daher festhalten: Trotz wissenschaftlicher Untersuchungen und zusätzlicher praktischer Erfahrungen wissen wir nicht genau, was eine erfolgreiche Führungskraft ausmacht. Wir wissen nicht genau, welches Können, welche Eigenschaften und welche Verhaltensweisen mit einiger Sicherheit erwarten lassen, dass ein Mensch eine gute Führungskraft wird. Wir wissen nur, dass eine günstige Konstellation und Kombination verschiedener Einflüsse mit einiger Wahrscheinlichkeit dazu führt, dass eine von einer guten Führungskraft geführte Gruppe ein gutes Arbeitsergebnis erreichen wird.

Eignung zur Führungskraft: Führungsbegabung oder Führungserfahrung?

Gibt es die geborene Führungskraft?

Wie so häufig in der theoretischen Wissenschaft, gibt es auch in der Frage der Führungstheorien keine einheitliche Meinung. Während die **Eigenschaftstheorie** davon ausgeht, dass bestimmte Menschen aufgrund bestimmter angeborener Eigenschaften und Fähigkeiten zur Führungskraft geboren sind, geht die konträre **Interaktionstheorie** davon aus, dass eine erfolgreiche Führung nicht nur bestimmte angeborene Eigenschaften und Fähigkeiten erfordert, sondern darüber hinaus die jeweilige Situation und die Reaktion der Menschen in Form von Rückkopplungsprozessen bei ihrem Führungsverhalten berücksichtigen muss.

In einer Mitte der 80er Jahre in der bayerischen Wirtschaft durchgeführten Befragung zur Bedeutung von Fachwissen und Führungswissen für eine Führungsposition gaben die befragten Unternehmensleiter dem Fachwissen eine eindeutige Priorität gegenüber dem Führungswissen.[10] Die befragten Unternehmensleitungen begründeten dies damit, dass die Produktion im Vordergrund stehe, der Umgang der Führungskräfte mit den Mitarbeitern „in Ordnung" sei und im Übrigen Führungswissen und Führungsverhalten nicht erlernbar seien. Offensichtlich betrachteten sich die Befragten (selbst alle Führungskräfte!) als Naturtalente. Andererseits findet sich die weit verbreitete Meinung – sowohl bei Naturwissenschaftlern als auch bei Wirtschafts- und Geisteswissenschaftlern –, dass von Personal jeder etwas versteht.

Würde diese Meinung tatsächlich zutreffen, bräuchte man sich über eine Schulung in Führungsfragen tatsächlich keine Gedanken zu machen. Es gäbe dann nur die geborene Führungskraft – oder den zur Führung absolut ungeeigneten Menschen.

Die Erfahrung zeigt jedoch, dass zumindest die **Methoden** erfolgreicher Mitarbeiterführung, d. h. die Führungstechniken, erlernbar und damit handhabbar und umsetzbar sind, wenn sich eine Führungskraft dieser Aufgabe stellt.

Tipp: Personal führen heißt denken.

Begabungen sind angeboren – damit auch die Begabung des Denkens. Dessen Ausprägung ist allerdings von Mensch zu Mensch verschieden. Wenn Personalführung in erster Linie **Denken** bedeutet, dieses Denken aber unterschiedlich ausgeprägt ist, dann eignen sich zwangsläufig nicht alle Menschen zur Personalführung. Wenn auch

---

10 Vgl. Wirth, H./Beck, M. (1986), S. 154 ff.

die Begabung eine wesentliche Voraussetzung für die Personalführung bildet, reicht diese alleine mit Sicherheit nicht aus. Ohne Training oder Schulung führt auch die höchste Begabung nur bis zu einem bestimmten Leistungsniveau. Man kann sich kaum einen 100-m-Weltrekordler vorstellen, der den Weltrekord allein aufgrund seiner Begabung geschafft hat. Oder einen Chirurgen, der in der Chirurgie Spitzenleistungen bringt. Würde sich Letzterer nur aus seiner Begabung heraus – oder aus seiner Erfahrung (d. h. aus Fehlern) an seine Patienten wagen – arme Patienten! Training, Schulung und damit auch Kenntnis- und Wissensvermittlung sind die Voraussetzung für die sportliche Leistung und die ärztliche Kunst. Warum sollte dieser Sachverhalt bei der Personalführung anders sein?

> **Tipp:** Angeborene Begabung kann nie schaden. Begabung ohne die selbst erarbeitete und geschulte Fähigkeit, im Denkprozess die jeweilige Führungssituation zu erkennen, zu analysieren und sein Führungsverhalten darauf einzustellen, ist zum Scheitern verurteilt.[11]

Führungstätigkeiten und Führungstechniken – d. h. Führungswissen – sind erlernbar. Denken ist schulungsfähig – und damit auch die Fähigkeit zur Personalführung. Voraussetzung ist jedoch, dass die Führungskraft bereit ist zu lernen, Situationen auf sich selbst zu reflektieren und gegebenenfalls auch sich selbst zu ändern. **Obwohl wir wissen, dass veränderte Verhaltensweisen einer Führungskraft zur Verbesserung der Führungssituation beitragen können, haben wir immer wieder Schwierigkeiten, diese Erkenntnis in den Köpfen der Menschen zu verankern.** Wir haben es bisher weder bei den potentiellen noch bei den bereits tätigen Führungskräften geschafft, diese mit Erfolg dazu zu bringen, ihr nicht-adäquates Führungsverhalten nachhaltig zu verbessern. Wie sonst könnte eine Untersuchung der 90er Jahre[12] zu dem Ergebnis kommen, dass die befragten Personalleiter die Eignung und Qualität ihrer Führungskräfte nur zu rund

---

11 Der kritische Leser darf an dieser Stelle ruhig die Frage stellen, ob es sich beim richtigen Erkennen bestimmter Situationen nicht auch um eine Eigenschaft handelt, die (zumindest bis zu einem gewissen Grad) angeboren ist.

12 Vgl. Femppel, K. (2000), S. 134.

13 % als „sehr gut" und zu rund 35 % als „gut", andererseits aber zu rund 39 % als „verbesserungsbedürftig" (d. h. mit größeren Mängeln) und zu rund 13 % sogar als „stark verbesserungsbedürftig" beurteilen (womit es sich in Klarschrift um noch nicht gelöste oder aber nicht lösbare Ablösungsfälle handelt).

Formen des Führungsverhaltens: Führungsstile

Wesentlicher Indikator der Führungsbeziehungen zwischen der Führungskraft und den geführten Mitarbeitern ist der jeweilige **Führungsstil**. Was verstehen wir darunter? Dieser ursprünglich aus der künstlerisch geformten Sprache („Sprachstil") stammende Begriff, der bald auch auf die anderen Künste übertragen wurde, bringt für jede schaffende Tätigkeit eines Menschen die Einheitlichkeit und Harmonie seiner Bestandteile zum Ausdruck.

Der **Führungsstil** als die einheitliche Ausformung des Führungsverhaltens einer Führungskraft gegenüber ihren Mitarbeitern bezeichnet damit die situative Qualität dieser Beziehungen, in welchen zwei Dimensionen unterschieden werden können: einerseits der Grad der **Partizipation** der Mitarbeiter in einen Entscheidungsprozess (u. a. Information, Entscheidungsvorbereitung, funktionale Sachautorität, Vetorecht), andererseits der Grad der **Teilnahme** im Sinne einer wechselseitigen Kooperation (u. a. Offenheit, Vertrauen, Verständnis, konstruktive Konfliktregelung).[13] Bei einer analytischen Trennung des Umfangs der Einbeziehung der Mitarbeiter in den Entscheidungsprozess und damit den Entscheidungsspielraum der Geführten (und damit der Frage, in welchem Umfang die Willensbildung bei der Führungskraft oder bei den Geführten liegt), lassen sich für das Führungsverhalten und dessen einheitlicher Ausrichtung eines bestimmten Führungsstils sieben Abstufungen unterscheiden:[14]

- **autoritär** – die Führungskraft entscheidet ohne Konsultation der Mitarbeiter,

---

13 Vgl. Wunderer, R./Kuhn, Th. (1993), S. 114 ff.
14 Vgl. Wunderer, R./Kuhn, Th. (1993), S. 115.

- **patriarchalisch** – die Führungskraft entscheidet, versucht aber die Mitarbeiter von ihren Entscheidungen zu überzeugen,
- **informierend** – die Führungskraft entscheidet, begründet ihre Entscheidung gegenüber den Mitarbeitern,
- **beratend** – die Führungskraft informiert ihre Mitarbeiter über eine beabsichtigte Entscheidung mit dem Ziel, deren Meinung bei ihrer Entscheidung zu berücksichtigen,
- **kooperativ** – die Mitarbeiter machen Vorschläge, die Führungskraft entscheidet sich für die von ihr favorisierte Alternative,
- **delegativ** – die Mitarbeiter entscheiden, nachdem die Führungskraft die Probleme aufgezeigt und die Grenzen des Entscheidungsspielraums festgelegt hat,
- **autonom** – die Mitarbeiter entscheiden, die Führungskraft sieht sich nur noch als Koordinator (Abb. 3).

Willensbildung beim Vorgesetzten (V)				Willensbildung beim Mitarbeiter (MA)		
1	2	3	4	5	6	7
V entscheidet ohne Konsultation der MA	V entscheidet; er versucht aber die MA von seinen Entscheidungen zu überzeugen, bevor er sie anordnet	V entscheidet; er gestattet jedoch Fragen zu seinen Entscheidungen, um dadurch deren Akzeptierung zu erreichen	V informiert MA über beabsichtigte Entscheidungen; MA können ihre Meinungen äußern, bevor der V die endgültige Entscheidung trifft	MA/Gruppe entwickelt Vorschläge; V entscheidet sich für die von ihm favorisierte Alternative	MA/Gruppe entscheidet, nachdem V die Probleme aufzeigt und die Grenzen des Entscheidungsspielraumes festgelegt hat	MA/Gruppe entscheidet, V fungiert als Koordinator nach innen und außen
„Autoritär"	„Patriarchalisch"	„Informierend"	„Beratend"	„Kooperativ"	„Delegativ"	„Autonom"

Abb. 3: Kontinuum des Führungsverhaltens (Quelle: Wunderer/Kuhn, 1993, S. 115)

Der **autoritäre** Führungsstil, bei welchem die Willensbildung ausschließlich bei der Führungskraft liegt, wird heute als **der** Führungsstil der Vergangenheit angesehen. Aufgaben anzuordnen, ohne sie zu begründen, Entscheidungen zu fällen, ohne vorherige Einbeziehung der Mitarbeiter in den Entscheidungsvorgang, das Prinzip des Befehlens und Gehorchens zu praktizieren, als Führungskraft einfach Anweisungen zu geben, welche die Geführten auszuführen haben, gilt heute vielfach als überholt. Er entstammt der Zeit der beginnenden Industrialisierung mit wachsenden Unternehmensgrößen, auf welche die vorher üblichen privaten „Organisationsstrukturen" übertragen wurden: Der Vater sorgt für die Familie, notfalls mit aller Strenge. Die Familienmitglieder respektieren den Vater als Familienoberhaupt und sind ihm gegenüber zu unbedingtem Gehorsam verpflichtet.

Die autoritäre Führungskraft, die nur an sich selbst glaubt und deren fundierte Fachkenntnisse sie dazu verleiten, sich automatisch in alle Detailaufgaben einzumischen und die Mitarbeiter – verursacht durch ein ausgeprägtes Misstrauen gegenüber deren Leistungsfähigkeit – ständig zu kontrollieren, ist heute nicht mehr gefragt.

Im Gegensatz zu diesem autoritären Führungsstil liegt beim **autonomen** Führungsstil die Willensbildung ausschließlich bei den Mitarbeitern selbst. Die Führungskraft führt im Grunde genommen gar nicht mehr, sie koordiniert höchstens. So kritisch ein autoritärer Führungsstil auch zu sehen ist – der autonome ist es nicht minder. Im Grunde genommen kann von einer **Führung** nicht mehr gesprochen werden. Die Führungskraft ist eigentlich überflüssig. Interessanterweise finden nicht selten gerade schwächere Führungskräfte einen solchen Führungsstil als erstrebenswert, weil in diesem ihre Führungsschwächen am wenigsten auffallen.

Im **kooperativen** Führungsstil schließlich – der zunehmend als **der** Führungsstil der Zukunft gesehen wird – entwickeln die Geführten auf Initiative der Führungskraft selbstständig Vorschläge zur Lösung oder auch zur Modifizierung einer anstehenden Aufgabe. Damit steht nicht die Führungskraft als Person, sondern die zu bewältigende Aufgabe im Vordergrund. Die Führungskraft entscheidet erst nach Abwägen des jeweiligen Pro und Contra über den einzuschlagenden Weg. **(Nachdem die Führungskraft letztendlich die Ver-**

antwortung für das Ergebnis trägt, ist eine Entscheidung als solche nicht delegierbar!) Der kooperative Führungsstil trägt nach Meinung seiner Befürworter am ehesten den veränderten Wertvorstellungen und Bedürfnissen der Mitarbeiter sowie den veränderten technologischen Rahmenbedingungen wie höhere Qualifikation und Selbststeuerung der Mitarbeiter Rechnung.

Die Idee der kooperativen Führung fußt letztendlich auf dem theoretischen Denkansatz des **Human Resource Management.** Diesem an den Universitäten von Harvard und Michigan entwickelten Denkansatz liegt ein Mitarbeiterbild zugrunde, welches positiv und optimistisch ist. Diese Sicht vom Menschen im betrieblichen Leistungsprozess liefert damit die Basis für die Beteiligung der Mitarbeiter an den betrieblichen Entscheidungen, die ihrerseits die Einbindung und Verbundenheit der Mitarbeiter mit dem Unternehmen stärken soll.

Das Human Resources Modell unterstellt, dass die Menschen zu sinnvollen Zielen beitragen wollen, bei deren Formulierung sie selbst mitgewirkt haben. Es unterstellt ferner, dass die meisten Menschen viel kreativere und verantwortungsvollere Aufgaben übernehmen könnten, als es ihre gegenwärtige Arbeit verlangt. Ausgehend von diesen Annahmen wird erwartet, dass Mitbestimmung (im nicht-rechtlichen Sinne), Selbstbestimmung und Selbstkontrolle zu einer Produktivitätssteigerung führen und die persönliche Zufriedenheit steigt, da die Mitarbeiter all ihre Fähigkeiten nutzen können.

Diese generalisierende Annahme über das Wollen und Können **aller** Mitarbeiter entspricht allerdings nicht der Realität. Wie die tägliche Erfahrung zeigt, wollen oder können zwar die meisten Mitarbeiter, es gibt aber immer auch welche, bei denen dies nicht unbedingt festzustellen ist. Insofern stellt sich die Frage, **ob ein einheitlicher Führungsstil die Grundlage einer erfolgreichen Personalführung und damit auch eines erfolgreichen betrieblichen Leistungsprozesses bilden soll oder kann.** Diese Frage bedarf einer vertiefenden Betrachtung, wenn die einem einheitlichen Führungsstil zugrunde liegende Prämisse, dass **alle** Mitarbeiter in gleicher Weise angesprochen und geführt sein **wollen,** bzw. angesprochen und geführt werden **müssen, nicht stimmt.** Die Realität ist vielschichtig: Kein Mitarbeiter gleicht dem andern, jeder Mitarbeiter will und muss daher auch anders „angefasst" werden – und derselbe Mitarbeiter in unterschiedlichen Situationen auch unterschiedlich. Ein angestrebter einheitlicher Führungsstil kann daher immer nur für einen (mehr oder weniger großen) Teil der Mitarbeiter oder für eine bestimmte Situation richtig und angemessen sein. Die zwangsläufige Antwort auf die Frage nach einem einheitlichen Führungsstil kann daher nur lauten:

> **Tipp:** Personalführung braucht keinen einheitlichen, sondern einen mitarbeiter- und situations- und zeitabhängigen Führungsstil.

Wünschenswert ist dabei sicherlich, dass die **kooperativen** Elemente in einem solchen **situativen Führungsstil** dominieren, nachdem diese Elemente dem selbstständig denkenden und handeln wollenden Mitarbeiter am ehesten Rechnung tragen.

Im Gegensatz zu den vorher geäußerten Zweifeln über die Zukunft des kooperativen Führungsstils scheint sich die Erkenntnis von der Notwendigkeit eines situativen Führungsstils durchzusetzen. Nach einer Untersuchung eine der Autoren[15] waren in den 90er Jahren knapp ein Viertel der Unternehmen einem kooperativen oder tendenziell kooperativen Führungsstil und rund ein Siebtel einem autoritären oder tendenziell autoritären Führungsstil zuzurechnen. **Bei nahezu zwei Dritteln dieser Unternehmen war dagegen kein einheitlicher Führungsstil auszumachen.** Diese Ergebnisse decken sich mit denen früherer Untersuchungen. Auch Mitte der 80er Jahre zeigte sich bereits,[16] dass eine eindeutige Charakterisierung eines Führungsstils nicht möglich ist, das Führungsverhalten in den einzelnen Unternehmen vielmehr vielfältige Variationen umfasst. Anfang der 90er Jahre wurde es angesichts von Forschungsdefiziten als fraglich ansehen,[17] ob tatsächlich kooperativ oder delegierend geführt wird. In einer Expertenbefragung der 90er Jahre[18] zeigten

---

15 Vgl. Femppel, K. (2000), S. 135.
16 Vgl. Wirth, H./Beck, M. (1986), S. 205.
17 Vgl. Macharzina, K./Wolf, J./Döbler, Th. (1993), S. 154.
18 Vgl. DGFP (1995), S. 456 f.

sich einige Personalleiter davon überzeugt, dass sich der partizipativ-kooperative Führungsstil in der Breite durchgesetzt habe, andere dagegen vertraten die Meinung, dass es den Führungsstil nach wie vor nicht gibt. An dieser Beurteilung hat sich auch zu Beginn des neuen Jahrhunderts nichts geändert.

Führungsmodelle/Führungssysteme als Gestaltungsempfehlungen zur Optimierung des Führungsprozesses

Führungsstile schlagen sich in bestimmten Konzeptionen, d. h. in **Führungsmodellen** oder **Führungssystemen**, nieder. Ein Führungsmodell enthält die Idealvorstellung eines erwünschten Führungsstils und systematisch durchdachter Führungstechniken. Das Modell bildet dann den Markennamen für ein zusammenhängendes Idealbild. In den letzten Jahrzehnten wurde eine ganze Reihe sog. „Management by ... – Techniken" propagiert, die in aller Regel jedoch nur Teilaspekte eines integrativen Führungssystems aufzeigen, so z. B.:

- **Management by Delegation** mit der Übertragung möglichst vieler Zuständigkeiten und Verantwortungen auf nachgeordnete Hierarchieebenen
- **Management by Exception** mit dem aktiven Eingreifen der Führungskraft nur in Fällen, die aus dem normalen Rahmen herausfallen
- **Management by Objectives** mit einer Ziel- anstelle einer Aufgabenorientierung. Ziele und Verantwortung werden nicht vorgegeben, sondern in einer gemeinsamen *Ziel*vereinbarung festgeschrieben

Führungsgrundsätze sollen – wie bereits einleitend erwähnt – dazu beitragen, das Führungsverhalten der Führungskräfte durch Vorgabe grundlegender Verhaltensmuster in Richtung eines angestrebten Führungsmodells zu beeinflussen. Führungsgrundsätze modifizieren, ergänzen und legitimieren damit die unmittelbare Personalführung. Sie geben sowohl dem Mitarbeiter als auch der Führungskraft die Möglichkeit, ihr Führungsverhalten an einer Richtschnur zu überprüfen und auch die Verantwortung für Verstöße entsprechend zuzurechnen.

Ist Führungserfolg messbar?

Am Ende unseres theoretischen Ausflugs in das Reich der Führungstheorie[19] soll noch kurz die Frage angesprochen werden, ob eine erfolgreiche Personalführung auch messbar ist.

Die klare Antwort lautet: **jein**. Personalführung als Teilbereich der Personalpolitik eines Unternehmens leidet unter denselben Problemen wie das Personalwesen selbst. Sein Erfolg oder Misserfolg ist sowohl indirekt als auch direkt nicht oder nur in sehr begrenztem Umfang **messbar**. Ähnlich wie bei der Messung des Erfolgs bestimmter Organisationsstrukturen, fehlt ein spezifisches Verfahren zur Erfassung der (positiven oder negativen) Wirkung personalpolitischer Entscheidungen. Die klassischen Elemente der quantifizierten Erfolgsermittlung (Kosten-Leistungs-Rechnung und Aufwands-Ertrags-Rechnung) sind ungeeignet, da der sachliche und zeitliche Zusammenhang ihrer Rechengrößen mit der jeweiligen Personalentscheidung nicht ausreichend gewährleistet ist. (Es zeigt sich meist erst nach einigen Monaten oder sogar Jahren, ob eine Stellenbesetzung richtig war, und selbst dann ist niemand in der Lage, den Kosten dieser Führungskraft einen „Ertrag" gegenüberzustellen.) Und selbst wenn eine solche Messbarkeit von bestimmten, definierbaren Erfolgsfaktoren gegeben wäre, stünden deren Anwendung gravierende Einwände entgegen, da die **Zurechenbarkeit** eines positiven oder negativen Erfolgs auf einzelne Maßnahmen oder Träger der Personalführung nicht möglich ist. So ist beispielsweise eine Fluktuations- oder Krankenquote zwar messbar, die Wirkung einzelner Faktoren, wie bspw. der Personalführung, lässt sich jedoch nicht isoliert herausfiltern.

Trotz dieser Einschränkungen sind die Verfasser der Meinung, dass **Führungserfolg letztendlich zwar nicht messbar, aber zumindest bewertbar ist.** Motivation, Arbeitszufriedenheit, ein gutes „Betriebs-

---

19 Die Verfasser verzichteten darauf, den Leser mit einer vertiefenden Betrachtung von Führungstheorien zu verunsichern. Wer sich etwas intensiver mit denselben befassen möchte, sei an die Lektüre von Scholz, Ch. (2000), verwiesen.

klima", eine (nach oben oder unten) aus dem Rahmen fallende Fluktuations- oder Krankenquote sind zumindest Indikatoren für eine gute oder schlechte Personalführung, für eine gute oder schlechte Führungskraft.

Teil II. Situationen der Personalführung

Vorbemerkung

Personal führen heißt denken. Die Bedeutung dieses Satzes kann nicht oft genug ins Gedächtnis gerufen werden. Aber: Auch ins Gedächtnis rufen heißt denken.

Die Autoren haben sich lange überlegt, in welcher Form die lesende Führungskraft am Besten zum Denken angeregt werden kann. Tipps und Empfehlungen werden häufig in Form des kategorischen Imperativs ausgesprochen: „Reagieren Sie nicht cholerisch!" Wie reagiert der Lesende[1] üblicherweise darauf? Er bezieht diese Empfehlung auf irgendeine in der Zukunft liegende, heute noch nicht bekannte Situation; dann stellt er für sich selbst fest, dass er natürlich nicht cholerisch reagieren wird. Damit ist der Denkvorgang im Allgemeinen abgeschlossen. Kommt er dann später in eine solche Situation, sind alle guten Vorsätze vergessen.

Gibt es hierzu eine Alternative? Die Antwort lautet: ja. Wird eine Empfehlung in die persönliche Frageform gekleidet, regt sie viel mehr zum Nachdenken an. Auf die Frage „Sind Sie ein Choleriker"? werden Sie sich fragen – vorausgesetzt, Sie sagen nicht gleich ohne Nachdenken nein –, ob Sie in der Vergangenheit in einer bestimmten Situation cholerisch reagiert haben. Falls Sie dies bejahen, haben Sie bereits den ersten Schritt dazu getan, dies in zukünftigen Fällen zu vermeiden.

In den folgenden Ausführungen soll daher die Frageform so weit wie möglich verwendet werden. Ihre Grenzen hat sie allerdings dort, wo die häufige Verwendung von Fragesätzen wie „Haben Sie..."? „Sind Sie..."? eher langweilig wird. Deshalb wird der Leser auch den kategorischen Imperativ finden!

---

1 Auch der Begriff *Lesende* möge bitte von der Leserin geschlechtsneutral verstanden werden.

P. S. Sie werden sich vielleicht fragen, warum die Autoren ihre Darstellungsform begründen. Die Antwort ist klar: Das Buch handelt vom Führungsverhalten. Wenn wir dem Leser empfehlen, eine Entscheidung nicht nur zu treffen, sondern seinen Mitarbeitern gegenüber auch zu begründen, dann gilt dies auch für uns Autoren.

Kapitel 2. Die erste Führungsaufgabe

Aller Anfang ist schwer.
(Lebensweisheit)

Jede Führungskraft hat einmal angefangen – oder fängt in Zukunft als solche an: in der Fachlaufbahn, in der Projektlaufbahn oder in der Führungslaufbahn selbst. Während es sich bei der Führungsaufgabe in der Fachlaufbahn und der Projektlaufbahn um eine rein sachbezogene Aufgabe handelt, die mit keiner Disziplinarverantwortung verbunden ist, gehört zur Führungsaufgabe in der Führungslaufbahn die mitarbeiterbezogene Vorgesetzten- oder Disziplinarfunktion. In dieser Funktion ist damit nicht nur Fachwissen und Fachkönnen, sondern – mindestens genau so wichtig – Personalführung gefragt.

> **Tipp:** Personal führen heißt denken – darauf werden wir noch öfters hinweisen.

Diese Feststellung oder besser Forderung beginnt nicht mit dem ersten Tag Ihrer Führungsaufgabe. Sie beginnt – oder sollte zumindest beginnen – bereits viel früher: nämlich zu dem Zeitpunkt, an dem Sie von Ihrer neuen Aufgabe erfahren. Was heißt das?

> **Tipps:**
> - Haben Sie sich ein klares Bild von Ihren zukünftigen Aufgaben, Ihren Zielen im Rahmen der Unternehmensführung, Ihren Kompetenzen und Ihrer Verantwortung gemacht?
> - Haben Sie sich zumindest einen groben Überblick über Ihre künftigen Mitarbeiter verschafft: Wer sind diese? Welche Aufgaben haben sie? Wie werden sie beurteilt? Welches Entwicklungspotential haben sie?
> - Haben Sie ein Führungsseminar besucht – nicht, um dort die Führungskunst zu lernen (was nicht möglich ist) –, sondern um den Stoff kennen zu lernen, den wir zu einem früheren Zeitpunkt als Führungstechniken bezeichnet haben?

> • Haben Sie sich eingehend mit sich selbst beschäftigt? Haben Sie –
> aber ehrlich – in sich hineingehorcht und sich gefragt, was für ein
> Mensch Sie sind, welche persönlichen Stärken und Schwächen Sie
> (insbesondere im Umgang mit anderen Menschen) haben?

Der erste Tag Ihrer neuen Führungsaufgabe ist weder für Sie noch
für Ihre künftigen (männlichen und weiblichen) Mitarbeiter ein nor-
maler Arbeitstag. Beide Seiten haben ein unsicheres Gefühl, wie
sich die Zusammenarbeit wohl entwickeln wird, beide sind etwas
nervös, weil sie nicht genau wissen, was auf sie zukommt.

> **Tipp:** Beide Seiten haben ganz bestimmte Erwartungen. Sprechen Sie
> mit Ihren Mitarbeitern darüber!

Üblicherweise betreten Sie Ihren neuen Aufgabenbereich nicht alleine, sondern in Begleitung Ihres (Ihrer) eigenen Vorgesetzten.
Er/Sie wird (hoffentlich!) die Ihnen unterstellten Mitarbeiter – zumindest die Ihnen unmittelbar unterstellten – und Sie persönlich
vorstellen. Sie selbst werden sicherlich anschließend das Wort ergreifen und zum Ausdruck bringen, dass Sie sich auf die neue Aufgabe freuen und auf eine gute Zusammenarbeit hoffen.

> **Tipps:**
> • Sagen Sie bei dieser Gelegenheit ruhig, wie Sie die künftige Zusam-
> menarbeit gestalten wollen, was Ihnen besonders wichtig ist: Termin-
> treue, Exaktheit, Verlässlichkeit in Wort und Schrift, Offenheit oder die
> Bereitschaft, für einen Fehler einzustehen.
> • Sagen Sie aber bitte auch etwas zu Ihrem eigenen Arbeitsstil.

Beurteilen Sie sich selbst eher als pedantisch oder eher als großzügig? Sprechen Sie es aus (ohne laut zu werden!), wenn Sie sich
über einen Mitarbeiter oder einen Vorgang ärgern? Betrachten Sie
die Sache dann als erledigt oder sind Sie nachtragend? Wenn Ihre
Mitarbeiter Ihre Prämissen kennen, können sie sich darauf einstellen und damit von vornherein Reibungsverluste – die so oder so auftreten werden – verringern.

> **Tipp:** Was Sie nicht tun sollten: Ihre Mitarbeiter umgehend zu duzen und zu verkünden, dass Ihre Tür jederzeit für jedermann offen steht.

Das zunehmend sich ausbreitende Du verringert zwar die persönliche Distanz, führt aber nicht selten zu Kumpelhaftigkeit und mangelndem Abstand, der im Kritikfalle die persönliche Souveränität, die eine Führungskraft immer braucht, beeinträchtigen kann. Das Angebot der stets offenen Tür kommt zwar bei Ihren Mitarbeitern (zunächst) gut an, wird aber zu einem eher negativen Faktor, wenn Sie eine solche Zusage auf Dauer nicht halten können. Das routinemäßige Tagesgeschäft wird bei Ihnen häufiger zu einer „closed door" führen als Ihnen lieb ist. Lieber eine geschlossene Tür, als ein unergiebiges Gespräch mit einem Mitarbeiter, weil Ihnen dies exakt zu diesem Zeitpunkt absolut ungelegen kommt. Ihr Mitarbeiter wird schnell spüren, dass Sie sich im Augenblick gedanklich mit etwas anderem (tatsächlich wichtigerem?) beschäftigen.

> **Tipp:** Führen Sie baldmöglichst Einzelgespräche mit Ihren Mitarbeitern – und kündigen Sie dies auch am ersten Tag an.

Sie lernen bei diesen Gesprächen das Aufgabengebiet Ihrer Mitarbeiter und die Personen selbst kennen. Änderungen, die Sie vielleicht aus sachlichen oder personellen Gründen vornehmen wollen, setzen voraus, dass Sie wissen, was, wie, warum und von wem heute gemacht wird. Beginnen Sie mit den Mitarbeitern Ihrer unmittelbaren Umgebung. Ihre Sekretärin – sofern Sie überhaupt in einer modernen Organisation noch eine haben und diese keine Sekretärin männlichen Geschlechts ist – hatte vielleicht schon vor Ihnen einen Chef oder eine Chefin, auf dessen oder deren Eigenheiten und Arbeitsstil sie sich eingestellt hat. Sie arbeitet daher in diesem Stil weiter, solange sie Ihren Arbeitsstil nicht kennt.

> **Tipp:** Sagen Sie daher Ihrer Sekretärin, wie Sie Ihren Terminkalender geführt haben möchten, in welcher Form Sie die Vorlage der Tagespost möchten, wie sie Telefongespräche weitergeben soll.

Es wird nicht ausbleiben, dass Sie im Laufe Ihrer Führungstätigkeit bei dem einen oder anderen Mitarbeiter auch unangenehme Dinge ansprechen müssen. Sagen Sie dies Ihren Mitarbeitern neutral, ohne einen konkreten Anlass und in der Gruppe. Ein solches Kritikgespräch wird Ihnen dann zu einem späteren Zeitpunkt wesentlich leichter fallen, da Sie auf die „Vorankündigung" verweisen können.

> **Tipp:** Sagen Sie Ihren Mitarbeitern auch, dass Sie ein solches Gespräch nicht als „KO-Gespräch" führen werden, in dem diese ihr Gesicht verlieren sollen. Sagen Sie vielmehr, dass Sie ein solches Gespräch als „OK-Gespräch" und damit als Grundlage für eine konstruktive und positive Zusammenarbeit verstanden wissen wollen.

Nachdem Personal führen denken bedeutet, gilt dies nicht nur für den ersten Führungstag, sondern für die gesamte Dauer der Führungstätigkeit. Das Schlimmste, was Ihnen und Ihren Mitarbeitern im Rahmen der Personalführung passieren kann, ist ein Versandungsprozess: Viele der angedachten und ausgesprochenen guten Vorsätze gehen in der Routine des Tagesgeschäfts unter. Nur solche Vorgänge werden zu einer Selbstverständlichkeit, die sich wiederholen.

> **Tipp:** Rufen Sie sich daher von Zeit zu Zeit – zumindest aber einmal im Jahr – die Grundsätze und Ziele Ihrer Personalführung ins Gedächtnis.

Was Sie sich unbedingt noch vornehmen sollten:

> **Tipp:** Organisieren Sie sich selbst, ehe Sie Ihre Mitarbeiter organisieren wollen!

Sie können von Ihren Mitarbeitern nicht mehr erwarten, als Sie selbst einzubringen in der Lage sind oder einbringen wollen. Wenn Sie Ihre eigene Aufgabe chaotisch wahrnehmen – Termine vergessen (da nicht notiert), Vorgänge unbearbeitet lassen (da ungelesen auf die Seite gelegt), unvorbereitet in eine Besprechung gehen (obwohl Sie am Abend davor noch genügend Zeit zur Durchsicht der Unterlagen gehabt hätten), sich selbst keine Prioritäten setzen (da

Sie die Dinge einfach auf sich zukommen lassen) –, dann brauchen Sie sich nicht zu wundern, wenn Ihre Mitarbeiter es entweder ähnlich machen oder den Respekt vor Ihnen verlieren.

Was Sie sich unbedingt an Ihrem ersten Führungstag auch noch vornehmen sollten:

Tipp: Hinterfragen Sie mindestens einmal im Jahr die Angemessenheit Ihrer Organisation. Stellen Sie sich dabei jeweils für jede einzelne Aufgabe die Frage, ob diese

- notwendig,
- nützlich

  oder nur

- angenehm ist.

Merken Sie sich: NNA! Das erste N für notwendig, das zweite N für nützlich und das A für angenehm.

Manche Aufgabe wird zu einer Daueraufgabe, obwohl sie nur ein einziges Mal verlangt wurde. Die Bedeutung anderer Aufgaben verändert sich. Denken Sie auch an die vielen Adressenleichen, die Ihnen mit Sicherheit schon begegnet sind. Sie wären eine Ausnahme, wenn Sie nicht noch nach Jahren Werbematerial erhalten würden, welches an die Adresse Ihres früheren Arbeitgebers gerichtet ist.

Episoden aus dem Führungsalltag

Als einer der Verfasser seine erste (kleine) Führungsaufgabe übernahm, wurde er ins kalte Wasser geworfen. Er kannte zwar einigermaßen die Organisation, aber nicht die dahinterstehenden Personen. Nach einer Stunde kam der erste Telefonanruf, der Verfasser nahm (innerlich zitternd) ab. Ein Werkleiter war am Apparat. Er schilderte ausführlich sein Problem und fragte dann, ob er sich klar genug ausgedrückt habe. Der betreffende Verfasser wiederholte daraufhin das, was bei ihm von der (noch) fremden Materie hängen geblieben war. Darauf der Werkleiter ganz lapidar: „Mensch, sind Sie schwer von Begriff."

Kapitel 3. Personalplanung und Personaleinsatz

> „Ich habe immer geglaubt, dass der Erfolg
> das unvermeidliche Ergebnis sein werde,
> wenn... wir den rechten Mann abordneten,
> um die rechte Stelle zu füllen."
> (A. H. Layards)

Personalplanung

Das spezielle Ziel der Personalplanung im Rahmen einer integrierten Unternehmensplanung die im betrieblichen Leistungsprozess erforderlichen Mitarbeiter sowohl quantitativ als auch qualitativ unter Berücksichtigung der zeitlichen und örtlichen Erfordernis-
se sowie der entstehenden Kosten zur Verfügung zu haben und ihre
Leistungsbereitschaft durch Berücksichtigung ihrer Interessen, Nei-
gungen und Wünsche zu erhalten bzw. zu steigern, erfordert nicht
nur eine passive, sondern auch eine aktive Rolle. Was heißt das? Die
Personalplanung darf sich nicht darauf beschränken, den aus der
Gesamtplanung des Unternehmens abgeleiteten Bedarf an Mitarbeitern festzustellen und die erforderlichen Kapazitäten bereitzu-
stellen. Eine aktive Personalplanung muss vielmehr selbst strategische Impulse erarbeiten und weitergeben, indem sie aus einer syste-
matischen Analyse der Umwelt die für die Personalarbeit wichtigen
Faktoren herausfiltert. Ein umfassendes Planungssystem muss daher sowohl strategische (d. h. langfristige) als auch operative (d. h.
kurzfristige) Aspekte berücksichtigen, wobei die strategische Planung als Zielerreichungsplanung die Vorgaben für die operative
Personalplanung bildet.

Für Sie als Führungskraft sind diese Hinweise nur die Basis für ein
besseres Verständnis: Sie haben in der Regel mit dem strategischen
Aspekt der Personalplanung nichts zu tun; dies ist Aufgabe Ihres
Personalressorts oder Ihrer Unternehmensleitung. Wichtig für Sie
ist zu wissen, dass die Personalplanung mit ihren Teilbereichen

• der Bedarfsplanung zur Ermittlung des quantitativen und qualitativen Personalbedarfs,

- der Beschaffungsplanung zur Festlegung alternativer Beschaffungswege,
- der Einsatzplanung mit dem Ziel, „den richtigen Mann zum richtigen Zeitpunkt am richtigen Platz einzusetzen",
- der Entwicklungsplanung zur Nutzung der innerbetrieblichen Qualifikationsreserven über die Vorbereitung von Mitarbeitern auf veränderte Arbeitsanforderungen, höherwertigere Fach- oder Führungsaufgaben,
- der Freisetzungsplanung mit Maßnahmen zur Verringerung der Personalkapazität und
- der Kostenplanung als Querschnittsplanung

eine wesentliche Grundlage jeder personalpolitischen Entscheidung darstellt – ob es sich um die Einstellung eines neuen Mitarbeiters handelt oder um die Flexibilisierung oder Individualisierung von Arbeitsbedingungen wie die Arbeitszeit- oder Vergütungsgestaltung.

In welchem Maße Sie als Führungskraft in die Teilbereiche der operativen Personalplanung eingebunden sind, hängt nicht zuletzt von der Größe Ihres Unternehmens ab. Sofern in Ihrem kleinen oder mittelständischen Unternehmen kein eigenständiges Personalressort existiert, sind alle Teilbereiche für Sie wichtig. Gibt es ein eigenes Personalressort, dann obliegt diesem in der Regel zumindest die Beschaffungsplanung.

Üblicherweise kommt – sofern es eine solche gibt – Ihre Controlling-Abteilung im Herbst eines Jahres auf Sie als Führungskraft zu, um für die Geschäftsplanung des Folgejahres einen Budgetvorschlag erarbeiten zu können, der dann der Unternehmensleitung zur Genehmigung vorgelegt wird. Ihre Vorstellungen über den Personalbedarf Ihres Führungsbereichs – ob Ersatzbedarf für ausscheidende oder zu versetzende Mitarbeiter oder als Zusatzbedarf für erweiterte Aufgaben – sind daher so lange nur vorläufig, als Ihre Unternehmensleitung diesen noch nicht zugestimmt hat.

Tipp: Analysieren Sie Ihren Personalbedarf gründlich.

Ein Personalbedarfsplanung erfordert gedankliche Vorarbeit. Zunächst einmal müssen Sie sich eine Vorstellung darüber verschaffen, welche Aufgaben und Ziele anstehen, um anschließend die Frage prüfen zu können, ob Sie mit den vorhandenen Mitarbeitern diese Aufgaben und Ziele erfüllen können: Haben Sie genügend Mitarbeiter? Haben Sie die richtigen Mitarbeiter? Am Anfang jeder Personalplanung steht daher eine Bestandsanalyse, um die vorhandene Personalkapazität mit der erforderlichen abgleichen zu können. Diese Personalkapazität hat – wie schon gesagt – nicht nur einen Mengen-, sondern auch einen Qualitätsaspekt. Sowohl die Ermittlung des quantitativen Bedarfs (Kopfzahlen) als auch des qualitativen Bedarfs (Kenntnisse und Fähigkeiten) werden durch einen Sachverhalt erschwert: Beide sind schwer messbar. Nur wenige Routinearbeiten lassen sich durch zählen, messen oder wiegen quantifizieren. Dies bedeutet für Sie als Führungskraft: schätzen, beurteilen und bewerten. Reicht – unter Berücksichtigung von Fehlzeiten wie Urlaub oder Krankheit – die Zahl der Mitarbeiter aus? Sind bei den einzelnen Mitarbeitern die fachlichen Voraussetzungen gegeben (Fachwissen, Fachkönnen vor dem Hintergrund ihrer Ausbildung und Erfahrung)? Haben Ihre Mitarbeiter die erforderlichen persönlichen Eigenschaften (Bereitschaft zur Teamarbeit, Verantwortungsbewusstsein, Belastbarkeit usw.)?

Mit der Bedarfs- und Bestandsanalyse ist Ihr Beitrag zur Bedarfsplanung jedoch noch nicht vollständig. Sie müssen auch die im Planungszeitraum zu erwartenden Personalveränderungen – soweit bekannt – einkalkulieren. Versetzungen und altersbedingte Austritte (natürlich auch arbeitgeber- und arbeitnehmerseitige Kündigungen) führen zu einem Ersatzbedarf, der bei der als nächstem Schritt folgenden Beschaffungsplanung zu berücksichtigen ist. Diese Beschaffungsplanung ist – wie schon gesagt – üblicherweise die Aufgabe Ihres Personalressorts. Dieses kennt am besten die geeigneten Beschaffungswege (intern oder extern; über Stellenanzeigen, Arbeitsämter, Internet oder Personalberater). Das Personalressort kann umso gezielter arbeiten, je präziser Sie demselben sagen, welche Qualifikationen für welches Aufgabengebiet der zu suchende Kandidat oder die zu suchende Kandidatin haben muss oder zumindest haben sollte. Dies gilt im Übrigen auch, falls Sie die Personalbeschaffung selbst vornehmen.

Tipp: Bleiben Sie mit Ihren Qualifikationsvorstellungen realistisch.

Nicht wenige Führungskräfte neigen dazu, bei einem Personalwechsel höhere Qualifikationsanforderungen zu stellen. Dies ist berechtigt, wenn sich das Aufgabengebiet verändert hat oder in absehbarer Zeit verändern wird. Nicht selten wird jedoch auch ohne eine Veränderung der Qualifikationsanforderungen eine akademische Ausbildung einer praktischen Ausbildung vorgezogen, oder ein „Nicht-Facharbeiterplatz" mit einem Facharbeiter besetzt. Die Folge davon ist eine Überqualifikation des neuen Stelleninhabers, was bei diesem rasch zu Unzufriedenheit, Frustration und erneuter Kündigung führen kann.

Die Planung der Personalkosten zählt zumindest in größeren Unternehmen ebenfalls nicht zu Ihren Aufgaben. Auch sie obliegt in der Regel der Controlling-Abteilung. Dieser Bereich plant – ausgehend von Ihren Ist-Personalkosten – unter Berücksichtigung Ihrer Personalzahlen, einer angenommenen Tarifentwicklung sowie einer unternehmensinternen Einkommensplanung Ihr Personalkostenbudget als Zielvorgabe. Es ist weit verbreitete Praxis, die Personalkosten über die Kopfzahl zu steuern. Diese Vorgehensweise stößt bei vielen Führungskräften auf Kritik, da bei einer solchen Kopfzahlbetrachtung die Flexibilität des Personaleinsatzes eingeschränkt wird. Manche Führungskraft würde lieber mit weniger, im Durchschnitt aber qualifizierteren Mitarbeitern arbeiten. Nachdem jedoch auch Führungskräfte relativ häufig wechseln, würde diese Wahlfreiheit sehr rasch zu einem Personalaustausch führen – wenn das Personal leicht oder beliebig austauschbar wäre. Nachdem dies jedoch aus den verschiedensten Gründen – Mitbestimmung, Kontinuität der Arbeit, Kosten – nicht umsetzbar ist, bildet die Steuerung der Personalplanung über die Kopfzahlen zwar nicht die beste, aber doch die praktikabelste Vorgehensweise.

Personaleinsatz

Den richtigen Mitarbeiter an der richtigen Stelle einzusetzen, erfordert zweierlei: Erstens die genaue Kenntnis der Aufgabe oder Tätigkeit mit den daraus abgeleiteten Anforderungen in fachlicher und persönlicher Art an den Stelleninhaber. Zweitens die Einschätzung, ob der ins Auge gefasste Kandidat die geforderten Kenntnisse, Fähigkeiten und Eigenschaften mitbringt. Je mehr sich das Anforderungsprofil der Stelle und das Eignungsprofil des Bewerbers decken, desto besser wird sich das Leistungsergebnis darstellen.

Das Erkennen des Eignungsprofils vorhandener oder potentieller Mitarbeiter bildet eine der schwierigsten Führungsaufgaben überhaupt. Den Themenkreis Beurteilen und Bewerten werden wir daher im nächsten Kapitel vertiefen.

Im Zusammenhang mit dem Grundsatz, den richtigen Mitarbeiter mit der richtigen Aufgabe zu betrauen, wollen wir noch einige Anmerkungen zur Gestaltung Ihrer Ablauforganisation anfügen.

Bei jeder Führungsaufgabe, die Sie neu übernehmen, finden Sie nicht nur andere Mitarbeiter vor, sondern auch eine andere Organisation – Organisation im Sinne einer Zuordnung von Aufgaben auf einen Bereich und innerhalb desselben auf die verschiedenen Mitarbeiter. Nehmen Sie eine vorhandene Organisation zunächst als gegeben hin, betrachten Sie diese aber nicht als starr. Eine Organisation muss flexibel sein, d. h., sie muss sich verändernden Umweltverhältnissen – unternehmensintern und unternehmensextern – genauso anpassen können wie einer Veränderung der Qualifikationsstruktur Ihrer Mitarbeiter. Was bedeutet dies?

Tipps:
- Wenn Sie der Meinung sind, dass die Aufgabenstruktur und die personenbezogene Aufgabenverteilung einen optimalen Arbeitsablauf nicht garantieren und der richtige Mitarbeiter nicht am richtigen Platz sitzt, dann ändern Sie diese Situation.
- Wenn Sie der Meinung sind, dass ein Mitarbeiter mehr kann, als seine derzeitige Position von ihm fordert, dann passen Sie die Organisation an diesen Mitarbeiter an. Aber: Schaffen Sie bestimmte Positionen nicht nur, um einen Mitarbeiter nicht zu verlieren.

Es wäre zwar schade, wenn das Unternehmen einen solchen Mitarbeiter wegen Unterforderung verlieren würde. Wenn Sie keine Möglichkeiten sehen, in Ihrem Führungsbereich einen qualifizierteren Arbeitsplatz anzubieten, dann geben Sie Ihren Mitarbeiter für einen anderen Führungsbereich frei. Personalförderung im Sinne der Realisierung innerbetrieblicher Aufstiegsmöglichkeiten bildet einen wesentlichen Bestandteil einer aktiven Personalpolitik.

Bei der Aufgabenzuordnung an Ihre Mitarbeiter sollten Sie an folgende Grundsätze denken:

(1) Die einzelnen Aufgabengebiete müssen klar voneinander abgegrenzt sein, nicht nur, um Doppelarbeit zu vermeiden, sondern auch, um Befugnisse und Verantwortung eindeutig festlegen zu können.

(2) Die hierarchische Über- bzw. Unterstellung muss klar sein. Jede Führungskraft muss wissen, welchen Mitarbeitern sie Anweisungen geben kann, jeder Mitarbeiter muss wissen, von wem er Aufträge und Anweisungen entgegenzunehmen hat.

(3) Ein Mitarbeiter soll auf die Dauer nie mehr als einem Vorgesetzten unterstellt sein. Dabei kann eine fachliche Unterstellung von der disziplinarischen Unterstellung abweichen.

Episoden aus dem Führungsalltag

Der Leiter des Zentralbereichs Beschaffung hatte in seinem Vorzimmer einen relativ häufigen Wechsel, da die Zusammenarbeit mit ihm nicht ganz problemlos war.

Wurden ihm die Personalunterlagen einer neuen Bewerberin vorgelegt, war stets seine wichtigste Frage: „Ist die Dame blond?"

Kapitel 4. Personalauswahl und Personalbeurteilung

> „Ein Meister, der einen Arbeiter anschreit,
> weil er etwas falsch gemacht hat,
> ein Abteilungsleiter, der den bequemen Untergebenen befördert
> und nicht den tüchtigen, ein Chef, der inkonsequent
> und ungerecht ist – sie richten mehr Schaden an,
> als in langer Mühe wieder gut gemacht werden kann."
> (Heinz Nordhoff)

Personalauswahl

Wenn Sie in Ihrem Führungsbereich eine Stelle neu zu besetzen haben, werden Sie sich zunächst die Frage stellen, ob einer Ihrer heutigen Mitarbeiter diese Aufgabe übernehmen kann. Diese Überlegung sollten Sie jedoch nur weiterverfolgen, wenn es sich dabei um einen Mitarbeiter handelt,

- für den diese Stelle eine berufliche Weiterentwicklung, d. h. einen beruflichen Aufstieg, bedeutet, oder
- der an seiner derzeitigen Stelle nicht optimal eingesetzt ist.

Die Besetzung „aus den eigenen Reihen" hat den großen Vorteil, dass Sie die Fähigkeiten und die Leistung dieses Mitarbeiters bereits beurteilen können. Sie hat aber auch einen Nachteil: Sie haben zwei Mitarbeiter, die sich neu einarbeiten müssen – und einen Mitarbeiter müssen Sie in jedem Fall neu einstellen.

Auch eine innerbetriebliche Versetzung – aus einem anderen Führungsbereich zu Ihrem – kann ein Weg für die Stellenbesetzung sein. Für eine solche Besetzung gilt dasselbe, was im vorigen Abschnitt gesagt wurde: Sie hat Vor- und Nachteile. Steht jedoch im eigenen Hause kein geeigneter Kandidat zur Verfügung, werden Sie oder Ihr Personalressort auf dem externen Arbeitsmarkt suchen.

Ihre Mitwirkung beginnt damit spätestens bei der Vorauswahl der eingehenden Bewerbungen. Dabei geht es in erster Linie um die Einschätzung der Eignung des Bewerbers/der Bewerberin für die offene Stelle. Da Sie bei einer großen Zahl von Bewerbungen nicht alle zu einem Vorstellungsgespräch einladen können, müssen Sie eine Vorauswahl – ggf. gemeinsam mit dem Personalressort – treffen. In dieser Phase muss auch die Qualifikation der externen Bewerber mit der hausinterner Kandidaten verglichen werden.

> **Tipp:** Denken Sie daran, dass auch ein externer Kandidat nicht nur Stärken, sondern auch Schwächen hat.

Machen Sie nicht den Fehler, davon auszugehen, dass solche Schwächen bei externen Bewerbern nicht existieren: Unterschätzen Sie solche Schwächen nicht, weil Sie vergleichsweise die Schwächen Ihres internen Kandidaten kennen. Tendenziell werden mögliche Schwächen des Externen unter-, mögliche Stärken aber überschätzt – einfach, weil die Neueinstellung die bequemere Lösung darstellt. Aber: Von der Hoffnung lässt sich erfahrungsgemäß schlecht leben!

Dem ersten Schritt der Bewerbervorauswahl folgt der zweite der Vorstellung. Für diesen zweiten Schritt gibt es für Sie eine unabdingbare Forderung:

> **Tipp:** Nehmen Sie sich genügend Zeit für das Vorstellungsgespräch.

Es ist immer wieder erschreckend, festzustellen, dass auch bei hochwertigen Stellenbesetzungen ein solches Vorstellungsgespräch „mit links" geführt wird. Machen Sie sich bewusst, welchen Zeit- und Denkaufwand Sie für die Anforderung und die Auswahl einer neuen Maschine oder Einrichtung betreiben und wie viele Unterschriften Sie einholen müssen, um von Ihrer Unternehmensleitung eine solche genehmigt zu bekommen. Der durchschnittliche Personalaufwand eines qualifizierten Mitarbeiters (vom Sachaufwand gar nicht zu reden!) beträgt rund 50 000 EURO pro Jahr. Verbleibt dieser Mitarbeiter 10 Jahre in Ihrem Unternehmen, dann ist Ihre Einstellentscheidung einer Investitionsentscheidung von rund $^1/_2$ Million EURO gleichzusetzen!

Die Empfehlung, sich für ein Vorstellungsgespräch genügend Zeit zu nehmen, gilt allerdings nur für den Fall, dass es sich um einen für Sie interessanten Bewerber handelt. Manchmal vermittelt eine schriftliche Bewerbung den Eindruck, es würde sich um einen hochkarätigen Kandidaten handeln. Im persönlichen Gespräch zeigt es sich dann aber u. U. sehr schnell, dass dieser Eindruck täuschte. Sie würden das Gespräch daher am liebsten rasch abbrechen, können (und sollten) dies aber höflicherweise nicht tun. In einem solchen Fall ist es aber erlaubt, ein kürzeres Gespräch zu führen (oder einen geeigneten Mitarbeiter das Gespräch führen zu lassen).

> **Tipp:** Nicht jeder qualifizierte Bewerber passt in jede Umgebung.

Denken Sie daran, dass ein neuer Mitarbeiter mit einer kleineren oder größeren Zahl von Kolleginnen und Kollegen zusammenarbeiten muss, die (hoffentlich) ein eingespieltes Team bilden. Der neue Mitarbeiter muss in dieses Team passen – was aber nicht heißt, dass er seine Individualität aufgeben soll. Gleichwohl tun Sie gut daran, sich aufgrund Ihres persönlichen Eindrucks eine Vorstellung darüber zu machen, ob voraussichtlich auch „die Chemie" stimmen wird. Machen Sie sich aber immer bewusst, dass sich die personelle Zusammensetzung Ihres Führungsbereichs permanent ändert und daher nicht statisch ist.

> **Tipp:** Informieren Sie einen Bewerber ausführlich über das, was Sie in Ihrem Unternehmen zu bieten haben und was Sie von ihm erwarten.

Nicht selten verlässt ein neu eingestellter Mitarbeiter ein Unternehmen relativ rasch wieder, weil er sich andere Vorstellungen über den angebotenen Arbeitsplatz oder die geforderten Kenntnisse und Fähigkeiten gemacht hat. Ein solcher Vorgang ist für beide Seiten nicht nur unerfreulich, sondern auch teuer. Sie als Unternehmer hatten u. U. hohe Akquisitionsausgaben, haben zwischenzeitlich eine unbesetzte Stelle, müssen erneut auf die Personalsuche gehen und haben ein zweites Mal die Einarbeit eines neuen Mitarbeiters. Auch Ihrem kurzzeitigen Mitarbeiter sind Kosten entstanden: Er hat im Vertrauen auf die neue Position möglicherweise eine nicht schlechte Position aufgegeben, ist vielleicht bereits umgezogen und hat nun einen zweiten Wohnortwechsel vor sich.

> **Tipp:** Lassen Sie auch Ihren Bewerber ausführlich zu Wort kommen?

Zu Wort kommen lassen heißt, Fragen zu stellen und Fragen beantworten zu lassen, aber nicht ständig oder überwiegend selbst zu reden. Sie können nur dann einen vertieften Eindruck von der Person Ihres Bewerbers erhalten, wenn Sie ihm zuhören. Noch besser: Führen Sie ein solches Vorstellungsgespräch zusammen mit einem Mitarbeiter des Personalressorts, und lassen Sie diesen zumindest zeitweise das Gespräch führen. Sie können sich einen noch besseren Eindruck vom Persönlichkeitsbild des Bewerbers machen, wenn Sie ihn im Dialog mit einem Anderen beobachten können.

Bei Vorstellungsgesprächen für höherwertige Positionen sollten Sie den Vorstellungstermin so legen, dass Sie den Bewerber in unterschiedlicher Umgebung und in unterschiedlichen Situationen kennen lernen können. Sie werden erstaunt sein, wie sich Ihr persönlicher Eindruck aus einem Schreibtischgespräch bei einem gemeinsamen Mittagessen verändern kann. Ob bei einem solchen Gespräch auch die Ehefrau/Lebensgefährtin oder der Ehemann/Lebensgefährte einer Bewerberin oder eines Bewerbers teilnehmen sollte, hängt nicht zuletzt von Ihrer persönlichen Einstellung ab. Schaden kann dies nur, wenn Sie sich so von diesem Partner beeindrucken lassen, dass Ihr klarer Blick für die Qualitäten des Bewerbers selbst verloren geht. In einem Falle sollten Sie den Partner jedoch auf alle Fälle kennenlernen: wenn es sich bei der zu besetzenden Position um eine Auslandstätigkeit oder eine Inlandstätigkeit mit Repräsentationsaufgaben handelt.

Tipp: Schließen Sie bei einer Stellenbesetzung keine qualitativen Kompromisse.

Sie werden es u. U. sehr bald bereuen, erneut auf Bewerbersuche gehen zu müssen. Schließen Sie Kompromisse nur, wenn der Arbeitsmarkt die von Ihnen gesuchte Qualifikation tatsächlich nicht bieten kann. In diesem Falle können Sie nur den anderen Weg gehen: Ihre interne Aufgabenverteilung an die angebotenen Qualifikationen anzupassen. Kompromisse sind im Übrigen immer auch teuer. Wollen Sie sich von einem solchen Mitarbeiter wieder trennen, stehen dem arbeitsrechtliche Aspekte entgegen, und/oder Sie müssen hohe finanzielle Mittel, z. B. für eine Abfindung, einsetzen.

Lassen Sie daher im Zweifelsfalle eine Stelle lieber vorübergehend unbesetzt.

Wir haben im vorherigen Kapitel darauf hingewiesen, dass zur Personalplanung auch eine (Personal-)Kostenplanung gehört. Die Personalkosten bilden in vielen Branchen heute den größten Kostenblock. Sie werden in erster Linie von der Zahl der Mitarbeiter, in zweiter Linie von deren Einkommensniveau beeinflusst. Ein potentieller Bewerber für eine Stelle in Ihrem Führungsbereich muss daher in das bestehende Lohn- oder Gehaltsgefüge passen. Natürlich ist in diesem Punkt Flexibilität gefragt. Aber ein Bewerber, der mit seinen Gehaltsvorstellungen weit über dem Gehalt vergleichbarer Mitarbeiter Ihres Bereichs liegt, sollte besser nicht eingestellt werden. Ihre übrigen Mitarbeiter würden dessen Einkommen früher oder später erfahren – mit der Folge, entweder selbst entsprechende Forderungen zu stellen oder frustriert zu sein.

> **Tipp:** Eine effiziente Arbeit ist nur zu erreichen, wenn Ihre Mitarbeiter leistungsfähig und leistungsbereit sind. Eine sorgfältige Personalauswahl durch Sie als Führungskraft ist daher eines der wirksamsten Mittel, die Effizienz Ihres eigenen Arbeitsbereichs zu erhöhen. Fehlentscheidungen werden nicht nur teuer, sie bilden auch eine zusätzliche zeitliche Belastung für Sie und Ihre übrigen Mitarbeiter, welche die Aufgaben mit erledigen müssen.

Personalbeurteilung

Personalauswahl erfordert Personalbeurteilung. Die Personalbeurteilung beschränkt sich jedoch nicht auf einen Einstellvorgang, sie bildet vielmehr die Grundlage vielfältiger Personalentscheidungen auch für Ihre langjährigen Mitarbeiter: für die Lohn- und Gehaltsentwicklung, für Leistungsprämien, für den beruflichen Aufstieg.

Die Personalbeurteilung hat damit in der Zeitachse immer zwei Blickrichtungen: eine vergangenheitsbezogene und eine zukunftsbezogene. Vergangenheitsbezogen stellt sich bei der Mitarbeiterbeurteilung die Frage nach der gezeigten Leistung, zukunftsbezogen die Frage nach der erwartbaren Leistung. Die erwartbare Leistung wird dabei konkretisiert in einer Einschätzung der Eignung – insbesondere für zukünftige qualifiziertere Aufgaben. Diese Erwartungen leiten sich ab aus der in der Vergangenheit tatsächlich gezeigten Leistung und dem gezeigten Arbeitsverhalten. Egal, wie eine Leistung auch immer definiert ist, sie kann zwar absolut gemessen, aber nie absolut bewertet werden. Jede Leistungsbeurteilung setzt daher eine Soll-Leistung voraus. Dieses Soll als zukunftsorientierte Vorgabe kann nur von Ihnen als unmittelbarem Vorgesetzten kommen. Seien Sie sich daher immer bewusst, dass eine Vorgabe – als Zielvereinbarung – die Grundlage einer späteren vergangenheitsbezogenen Leistungsbeurteilung darstellt.

Zur Personalbeurteilung gehören daher die Zielvereinbarung und das Mitarbeitergespräch.

Zur Zielvereinbarung: Es wäre falsch, wenn Sie Ihren Mitarbeitern einseitig Ziele vorgeben würden. Management by objectives (als erstrebenswertes Führungsmodell) bedeutet eine Übereinkunft bzw. Zielvereinbarung zwischen Ihnen und Ihrem Mitarbeiter.

Eine solche Zielvereinbarung

- regt Ihren Mitarbeiter zu einer verbesserten Leistung an (da Vereinbarung und nicht Vorgabe!),
- gibt ihm mehr Handlungsfreiheit hinsichtlich der Wege zur Zielerreichung,
- lässt seinen Einzelbeitrag in einer Arbeitsgruppe besser sichtbar werden,
- lässt geplante und besprochene Maßnahmen weniger leicht in Vergessenheit geraten,
- zeigt rascher horizontale und vertikale Zielkonflikte auf und
- führt zu sachlicheren Gesprächen zwischen Ihnen und Ihrem Mitarbeiter.

Voraussetzung für eine solche Zielvereinbarung ist im Übrigen, dass Sie als Verantwortliche/Verantwortlicher Ihres Bereichs wissen (was eigentlich selbstverständlich sein sollte, aber noch lange nicht selbstverständlich ist),

- welches die anstehenden Gesamtaufgaben Ihres Bereichs sind,
- welche Teilaufgaben welchem Mitarbeiter zufallen,
- welche Priorität und welche Wertigkeit welche Teilaufgabe hat und – daraus abgeleitet –
- welche Teilaufgaben als die wichtigsten anzusehen sind.

Tipp: Beachten Sie bei der Zielvereinbarung die folgenden allgemeinen Grundsätze:

- Die Grundsätze müssen geeignet sein, eine erfolgreiche Aufgabenerfüllung auch abzubilden, d. h., sie müssen repräsentativ sein für die Aufgabenerfüllung.
- Ihre Kriterien für die spätere Beurteilung müssen so eindeutig und verständlich sein, dass sie auch von verschiedenen Bewertern gleich verstanden werden können.
- Die Grundsätze sollen voneinander unabhängig sein, d. h., im statistischen Sinne keine oder nur eine sehr geringe wechselseitige Beeinflussung aufweisen.
- Vor allem aber: Die Ziele müssen vom Mitarbeiter auch tatsächlich beeinflussbar sein. Ist diese Voraussetzung nicht gegeben, z. B. bei Umsatz- oder Ertragszielen, die von der Unternehmensleitung angestrebt oder vorgegeben werden, dann handelt es sich um keine Zielvereinbarung, sondern um eine eindeutige Zielvorgabe.

Die Palette der möglichen Ziele ist groß. Sie können sowohl input- als auch outputbezogen sein. Sie können Sachziele (Projekt- oder Routineziele) oder persönliche Verhaltensziele sein. Ihre spezifische Auswahl müssen Sie funktionsabhängig vornehmen. Als reine input-Größe ist der subjektive Einsatz, die persönliche Anstrengung, das individuelle Bemühen oder die aufgewendete Energie zu verstehen, als reine output-Größe das bewertungsneutrale, quantitativ oder qualitativ beschriebene Arbeitsergebnis.

Tendenziell sind input-orientierte Zielkriterien eher bei verwaltenden, beratenden und überwachenden Tätigkeiten, output-orientierte dagegen eher bei gestaltenden, dispositiven und „führenden" Tätigkeiten anwendbar.

Ergebnis ist im Übrigen nicht gleichzusetzen mit Erfolg. Während das Ergebnis ein bewertungsneutrales Resultat darstellt, welches absolut gesehen positiv oder negativ sein kann, beinhaltet der Erfolg eine relative Bewertung eines solchen Ergebnisses. Ein Vergleich mit der Fußballsprache soll dies verdeutlichen:

Ein 1:0 Sieg des Tabellenführers über den Tabellenletzten ist für Ersteren zwar ein positives Ergebnis, wird aber als Erfolg anders zu bewerten sein als ein entsprechender Sieg über den Tabellenzweiten. Umgekehrt bedeutet die 0:1 Niederlage für den Tabellenletzten zwar eine Niederlage, gemessen an der Wahrscheinlichkeit, höher zu verlieren, aber sogar einen Erfolg.

Zum Zielvereinbarungs-/Personalbeurteilungsgespräch:

Tipp: Am Ende eines Zielvereinbarungs-/Personalbeurteilungsgesprächs muss immer Einvernehmen über die vereinbarten Ziele bestehen, bzw. der bewertete Soll-Ist-Vergleich von Arbeitsergebnissen und vereinbarten Zielen.

Ihr Mitarbeiter hat dabei ein Recht darauf, von Ihnen gerecht beurteilt zu werden.

Tipp: Machen Sie sich die Fehlerquellen bewusst, die aus im Grunde genommen objektiven oder zumindest objektivierbaren Sachverhalten und Resultaten subjektiv verfälschte Eindrücke und Meinungen werden lassen.

Zu diesen Fehlerquellen gehören:
- Vorurteile oder Kollektivurteile gegenüber bestimmten Bevölkerungsgruppen,
- die Relativierung bestimmter Leistungsergebnisse aufgrund von Äußerlichkeiten oder persönlichem Auftreten (Frisur, Kleidung, Händedruck),
- das Messen einer Leistung an Ihnen selbst (zu Ungunsten der Leistung Ihres Mitarbeiters),
- das Nicht-Ausschalten von persönlicher Sympathie (Wohlwollen) oder Antipathie,
- die Einbeziehung sozialer Aspekte als Begründung für eine zu gute Beurteilung („Der Mann hat eine große Familie zu ernähren"),
- die Verallgemeinerung von Erst- oder Einzelfehlern („Überstrahlungseffekt"),
- Ihre persönliche Stimmung,
- Ressortegoismus (indem Sie bewusst eine schlechtere Beurteilung ausstellen, um Ihren Mitarbeiter nicht an einen anderen Bereich zu verlieren) und schließlich

- eine „Tendenz zur blassen Mitte", um erforderliche und berechtigte Differenzierungen, bspw. bei Einkommenserhöhungen oder Leistungsboni, nicht begründen zu müssen.

Nur dann beurteilen Sie gerecht, wenn Sie solche Fehlerquellen ausschalten. Seien Sie sich bewusst, dass Ihre Mitarbeiter ein sehr feines Gefühl für Gerechtigkeit und Ungerechtigkeit haben. Ihre Glaubwürdigkeit steigt und fällt mit einer gerechten oder ungerechten Behandlung und Beurteilung Ihrer Mitarbeiter – eine Beurteilung kann zwar selten absolut objektiv, aber doch zumindest objektiviert sein.

Bei der hohen Bedeutung eines solchen Gesprächs gilt es, dieses gut vorzubereiten und in unbelasteter Atmosphäre zu führen.

Tipp: Überlegen Sie daher rechtzeitig
- wann Sie ein solches Gespräch führen wollen,
- wie Sie sich darauf vorbereiten,
- wie Sie es am besten durchführen und
- wie Sie es auswerten.

Das heißt mit anderen Worten: gründliche gedankliche Vorbereitung, Zurechtlegen der erforderlichen Unterlagen, sachliche und ungestörte Atmosphäre und kein Zeitdruck. Ein schlecht vorbereitetes und schlecht durchgeführtes Gespräch überstrahlt sehr rasch alle sonstigen positiven Aspekte.

Tipp: Verschieben Sie lieber den Termin eines geplanten Mitarbeitergesprächs, wenn Sie keine Zeit für die Vorbereitung haben oder dieses unter unvorhersehbarem Zeitdruck führen müssten.

Verschieben darf allerdings kein „auf die lange Bank" schieben bedeuten. Denken Sie bitte daran: Ein Beurteilungsgespräch soll ein Motivations- und kein Demotivationsinstrument bilden! Vergessen Sie daher auch nie:

Tipp: Vereinbaren Sie den Termin für ein Beurteilungsgespräch so rechtzeitig mit Ihrem Mitarbeiter, dass sich dieser ebenfalls gedanklich auf dieses Gespräch vorbereiten kann.

Episoden aus dem Führungsalltag

Personalbeurteilungen und Zielvereinbarungen gibt es nicht erst seit gestern. Ein Topmanager eines blue-chip-Unternehmens führte Ende der 70er Jahre mit seinen unmittelbar unterstellten Führungskräften das vorgesehene jährliche Beurteilungs- und Zielvereinbarungsgespräch. Bei einem seiner Gesprächspartner – dem Geschäftsführer einer großen Auslandsgesellschaft – missfiel dem drahtigen Topmanager dessen „Schwergewicht". Im Rahmen der Zielvereinbarung (sie war in diesem Falle eine klare Zielvorgabe) war dann zu lesen: „B. muss 10 kg abnehmen."

Dazu eine zweite (ebenfalls wahre) Geschichte: Copilot D. wollte den Bundeswehr-Grundwehrdienst umgehen, indem er sich den Blinddarm herausoperieren lassen wollte. Trotz eindringlicher Warnung des Personalressorts, in diesem Fall das Arbeitsverhältnis später nicht fortzusetzen, ließ sich D. von seinem Vorhaben nicht abbringen. Das Arbeitsverhältnis wurde daraufhin beendet. Die Zeugnisbeurteilung fiel dementsprechend nicht besonders positiv aus. Zwei Jahre später rief der frühere Mitarbeiter beim Personalressort an und bat darum, sein Zeugnis nachträglich positiv zu korrigieren – er habe schließlich zwischenzeitlich eingesehen, dass er eine Dummheit gemacht habe. Für die Ablehnung seiner Bitte hatte er kein Verständnis.

Kapitel 5. Einführung neuer Mitarbeiter

„Die beste Hilfe ist die Hilfe zur Selbsthilfe"
(Pestalozzi)

Es gibt zwar Menschen, die sich in einer neuen Umgebung sofort wohl fühlen und mit der neuen Umgebung und deren Menschen keinerlei Berührungsprobleme haben. Dieser Typ Mensch bildet aber eher die Ausnahme. Die Regel ist vielmehr, dass ihr neuer Mitarbeiter zumindest eine gewisse Unsicherheit empfindet, weil er nicht genau weiß, wie er sich auf seine neue Umgebung einstellen soll und wie diese neue Umgebung ihn aufnehmen wird.

Es hängt entscheidend von Ihnen als vorgesetzter Führungskraft ab, wie rasch diese Phase der Verunsicherung überwunden wird. Je rascher, desto besser! Der erste Schritt der Einführung liegt bei Ihnen selbst. Sie werden Ihren neuen Mitarbeiter an der Pforte oder beim Personalressort abholen (lassen) und ihn dann an Ihrem Schreibtisch begrüßen. Ehe ihr neuer Mitarbeiter seine eigentliche Tätigkeit aufnimmt, d. h., sich mit seiner Sachaufgabe befasst, muss er mit dem kleinen Einmaleins seiner Umgebung vertraut sein: Er muss seine neuen Kolleginnen und Kollegen kennen lernen (und sie ihn), er sollte wissen, in welchen organisatorischen Rahmen sein Arbeitsplatz eingebettet ist (Arbeitszeit, Pausen), wo die Pausenräume und die Kantine zu finden sind. Mit diesem Wissen nimmt die Unsicherheit ab, und erst dann kann er sich ohne Ablenkung seiner Sachaufgabe widmen. Vergegenwärtigen Sie sich, was Sie tun, wenn Sie sich in ein neues Auto setzen: Sie machen sich vertraut (oder lassen sich von einem Fachmann vertraut machen) mit den Armaturen, der Steuerung und dem Gas- und Bremspedal, ehe Sie losfahren.

Vertraut machen heißt auch im Arbeitsleben: vor allem informieren! Je größer Ihr Führungsbereich, desto weniger sind Sie persönlich in der Lage, eine solche Einführung und fachliche Einarbeit vorzunehmen.

> **Tipp:** Bestimmen Sie daher einen geeigneten Mitarbeiter, der als Pate den Neuen an die Hand nehmen und ihm sowohl das kleine Einmaleins als auch das große Einmaleins beibringen kann.

Allerdings ist eine Einführung und Einarbeit keine Einbahnstraße. Ihrem neuen Mitarbeiter muss daher auch bewusst sein (oder von Ihnen bewusst gemacht werden), dass er auch selbst durch sein aktives Verhalten dazu beitragen muss, die Einführungs- in eine Integrationsphase überzuleiten. Deshalb ist es für den „Neuen" wichtig, eine Sensibilität für die Erwartungen seiner Umwelt zu entwickeln. Sie müssen ihn dabei aber unterstützen.

> **Tipps:**
> - Sagen Sie es Ihrem neuen Mitarbeiter (aber auch dem alten), wenn er einen Fehler macht?
> - Prüfen Sie sich auch selbst, ob Sie Ihrem Mitarbeiter einen Sachverhalt richtig erklärt haben?

Es ist nicht anzunehmen (von Ausnahmen abgesehen), dass Ihr Mitarbeiter einen Fehler mit Absicht macht. Dies geschieht vielmehr aus Unkenntnis oder Unwissenheit. Ihr Mitarbeiter ist Ihnen dankbar, wenn er auf einen Fehler aufmerksam gemacht wird. Wie sonst kann er eine Wiederholung vermeiden? Gehen Sie auch nicht darüber hinweg, wenn sich derselbe Fehler wiederholt. Eine solche Wiederholung spricht dafür, dass Ihr Mitarbeiter einen Sachverhalt oder eine Situation nicht richtig einschätzen kann, dass er offensichtlich Schwierigkeiten mit den an ihn gestellten Anforderungen hat.

Episoden aus dem Führungsalltag

Zwei junge Ferienbeschäftigte, der eine der Enkel des Firmengründers, der andere der Sohn des Personaldirektors, wurden als Gabelstapelfahrer eingewiesen. Der Lagermeister ergänzte seine insgesamt sachliche Einweisung mit dem Hinweis: „Wenn ihr nichts mehr zu tun habt, dann verdrückt euch möglichst lautlos hinter den Regalen!"

Kapitel 6. Innerbetriebliche Information

„Der Andere hört vor allem nur das Nein"
(Goethe)

Die Bedeutung der Information für den Menschen ganz allgemein ist in den letzten beiden Jahrzehnten erheblich gestiegen. Informationstechnologie und Informationszeitalter stehen als Schlagworte stellvertretend für den Geist unserer Zeit. Die Bedeutung der Information gilt im Besonderen für den „elementaren Lebensraum der beruflichen Arbeit."[1] Eine rechtzeitige und umfassende Information verringert in einem Unternehmen nicht nur die Gefahr von Fehlentscheidungen, sie hat darüber hinaus wesentliche psychologische Aspekte: Sie stärkt das Zusammengehörigkeitsgefühl, führt zu einer Identifizierung mit der Aufgabe, fördert die Arbeitsmoral, verhindert Gerüchte, verbessert das Betriebsklima und erhöht die Zufriedenheit Ihrer Mitarbeiter.[2] Ein Mitarbeiter setzt sich nur dann voll für sein Unternehmen und seine Aufgabe ein, wenn er ausreichend über das Warum und Wofür informiert ist und auch die Möglichkeit hat, gehört zu werden.[3] Die Güte der Information beeinflusst damit sowohl die Leistungsfähigkeit als auch die Leistungsbereitschaft, sie ist sowohl Arbeitsmittel als auch Motivationsinstrument.

Die unternehmensinterne, mitarbeiterbezogene Information hat zwei Teilbereiche. Während sich der erste Bereich auf Informationen bezieht, die in unmittelbarem Zusammenhang mit der Aufgabenerfüllung der Mitarbeiter im Rahmen der betrieblichen Leistungserstellung stehen und für eine ordnungsgemäße Ausführung der Tätigkeit unumgänglich sind, bezieht sich der zweite auf nicht-aufgabenbezogene Informationen über den Gesamtbetrieb oder das Gesamtunternehmen.[4] Aufgabenbezogene Informationen betreffen

---

1 Vgl. Macharzina, K./Wolf, J./Döbler, Th. (1993), S. 154.
2 Vgl. Macharzina, K./Dedler, K. (1986), S. 2.
3 Vgl. Zander, E. (1992), Sp. 1400 sowie (1993), S. 68.
4 Vgl. Macharzina, K./Dedler, K. (1986), S. 2, Gaugler, E. (1987), Sp. 1132.

vor allem die Arbeitsaufgaben, den Arbeitsplatz und die Arbeitsorganisation mit deren Veränderungen, die Möglichkeiten der beruflichen Weiterbildung sowie die Aufstiegschancen. Nicht-aufgabenbezogene (und damit „arbeitsumfeldbezogene") Informationen dagegen sollen Zusammenhänge zwischen der eigenen Arbeit und der Arbeit anderer Mitarbeiter und Bereiche erkennbar machen, die Geschäftspolitik und wesentliche Ziele des Unternehmens, Marktprobleme und Marktposition sowie Maßnahmen und die Haltung der Unternehmensleitung zu aktuellen Fragen erklären.[5] Insbesondere fehlende Informationen aus dem zweiten Teilbereich empfinden die Mitarbeiter als Defizit.[6]

Informationen können je nach Inhalt und Empfängerkreis entweder über institutionalisierte Informationswege oder im Rahmen der direkten Führung weitergegeben werden. Während sich für die arbeitsumfeldbezogenen Informationen wie Geschäftspolitik oder Beschäftigungslage in erster Linie die institutionalisierten Informationswege wie die Werkzeitschrift, der Geschäftsbericht, der Personalbericht, Rundschreiben, Anschläge am „Schwarzen Brett" sowie die Betriebsversammlungen anbieten – um einen möglichst großen Adressatenkreis zu erreichen –, ist es Ihre Aufgabe als Führungskraft, schwerpunktmäßig die aufgabenbezogenen Informationen weiterzuleiten.

Trotzdem noch ein Hinweis zu den institutionalisierten Informationswegen, da Sie als Führungskraft zumindest bei der mündlichen Informationsweitergabe beteiligt sind: Die unternehmensbezogenen Informationen, die Sie bspw. auf einer Führungs Informations Sitzung Ihrer Unternehmensleitung erhalten, sind zumindest zum Teil auch für Ihre Mitarbeiter bestimmt. Die Erfahrung zeigt, dass die Gefahr groß ist, dass solche Informationen auf der jeweils nächst niedrigeren Hierarchieebene gefiltert, verkürzt oder verfälscht ankommen (Abb. 4). Arbeitsumfeldbezogene Informationsweitergabe sowohl über die institutionellen Informationswege als auch unmittelbar durch die Führungskräfte bedeuten daher einen permanenten

---

5 Vgl. Gesamtmetall (1989), S. 35 sowie (1993) S. 45f.
6 Vgl. Töpfer, A. (1987), Sp. 656.

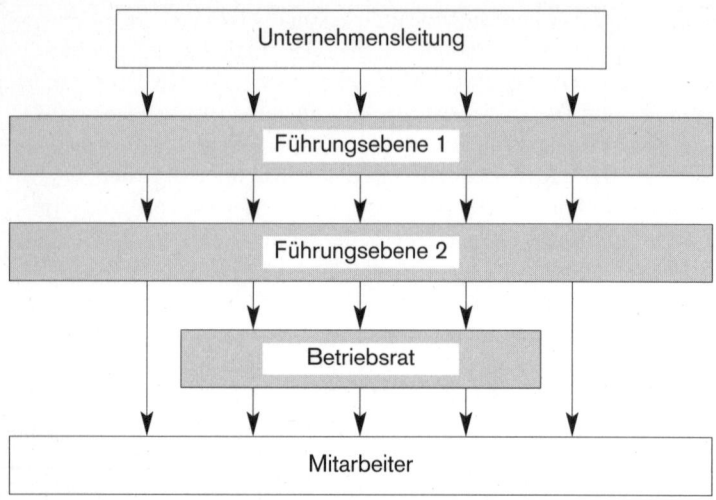

Abb. 4: Filterwirkungen bei Informationsprozessen

Kampf gegen eine Informationsreduzierung und -veränderung auf dem Weg von oben nach unten.

> **Tipp:** Verhindern Sie als Führungskraft, dass Informationen von oben nach unten versickern.

Institutionalisierte Informationswege haben im Übrigen noch eine Besonderheit: Sie sind nicht nur Sender der Unternehmensleitung, sondern auch der Institution Betriebsrat. Es ist daher möglich, dass auf dem gleichen Übertragungsweg zum gleichen Themenkreis unterschiedliche oder sogar gegensätzliche Informationen transportiert werden können.

Betrachten wir nicht nur den Sender, sondern auch den Empfänger, dann zeigt die tägliche Praxis, dass richtig verstanden haben wesentlich seltener ist, als man glauben möchte. Es lohnt sich daher, sich bewusst zu machen, dass an allen Informationen jeweils ein Sender und ein Empfänger beteiligt sind und bei der Übertragung Verfälschungen auftreten können, deren Ursachen es aufzuspüren gilt – um darüber nachzudenken zu können, ob und wie sie sich vermeiden lassen. Die Ursachen können sowohl beim Sender als auch beim Empfänger liegen. Richtig verstehen heißt, nicht nur verstanden zu haben, was der Andere gesagt hat, sondern auch verstanden zu haben, was der Andere gemeint hat. Richtiges Verstehen setzt aber richtiges, d. h. präzises und eindeutiges Formulieren des Senders voraus.

Tipps:
- Fragen Sie sich, ehe Sie informieren: Was möchte ich wem, wie sagen?
- Vergewissern Sie sich anschließend, dass Ihre Sendung auch richtig empfangen wurde.

Information, insbesondere die aufgabenbezogene, darf im Übrigen nie eine Einbahnstraße sein. Dies bedeutet, dass nicht nur Sie eine Informationspflicht gegenüber Ihren Mitarbeitern haben. Auch Ihre Mitarbeiter haben Ihnen gegenüber eine Informationspflicht. Während der Inhalt Ihrer Information darin besteht, die aufgabenbezogene Information sicherzustellen und die von Ihrer Unternehmensleitung ausgehende institutionalisierte Information zu unterstützen und wo nötig auch zu interpretieren, ist es Aufgabe Ihrer Mitarbeiter, Sie über Entwicklungen in ihrem Aufgabengebiet zu informieren, die aus dem Ruder zu laufen beginnen.

Tipp: Informationen sind je nach Inhalt, Sender und Empfänger entweder eine Bring- oder eine Holschuld.

Eine generell gültige Aussage darüber, wann welcher Sachverhalt zu einer Bring- oder Holschuld führt, ist nicht möglich. Sie können sich aber an folgendem Grundsatz orientieren: Eine Bringschuld ist immer dann gegeben, wenn der Sender weiß (oder wissen müsste), dass die ihm zur Verfügung stehenden Informationen für Mitarbeiter, Führungskräfte oder andere Stellen des Hauses wichtig oder interessant sind. Eine Holschuldsituation ergibt sich dagegen dann, wenn ein Sender gar nicht wissen kann, dass ein Empfänger seine Informationen benötigt. Hierzu ein einfaches Beispiel: Bringschuld für Sie als Führungskraft ist es, Ihre Mitarbeiter über Unfallgefahren und Unfallverhütungsvorschriften zu informieren, Bringschuld als Pflicht Ihrer Mitarbeiter ist es dagegen, Sie als Führungskraft über einen schweren Betriebsunfall zu unterrichten, den Sie persönlich nicht mitbekommen haben. Eine Holschuld obliegt Ihnen und Ihren Mitarbeitern dagegen, wenn Sie für eine Marktstudie oder eine Projektanalyse – Verlagerung eines Produktionsstandorts – Vertriebs-, Produktions-, Personal- und Kostendaten benötigen, die Sie routinemäßig nicht erhalten.

Episoden aus dem Führungsalltag

Der Personalvorstand wurde in einer Vorstandssitzung von seinem Entwicklungskollegen von der Ankündigung überrascht, dass er für seinen Vorstandsbereich „Grundsätze der Führung" herausgegeben habe. Der Kritik des Personalvorstands, es könne doch nicht wahr sein, dass jeder Vorstandsbereich seine eigenen Führungsgrundsätze verabschiede, begegnete der Kollege mit dem Hinweis, der dem Personalvorstand unterstehende Standort-Personalleiter sei an der Erarbeitung beteiligt gewesen, er sei daher selbstverständlich davon ausgegangen, dass dieser seinen Vorstand unterrichtet habe. Der anschließend zur Rede gestellte Personalleiter entschuldigte sich damit, dass er diese Information bewusst nicht weitergegeben habe, da er die Zusammenarbeit mit dem Entwicklungsvorstand nicht belasten wollte.

P. S. Die ressortbezogenen Führungsgrundsätze wurden zurückgezogen.

Kapitel 7. Kompetenzen und Verantwortung

> Ein Mensch sagt – und ist stolz darauf –
> er geh' in seinen Pflichten auf.
> Bald aber, nicht mehr ganz so munter,
> geht er in seinen Pflichten unter.
> (Eugen Roth)

Kein Autor, der etwas auf sich hält, wird müde zu betonen, dass die Delegation von Kompetenzen und Verantwortung auf die Mitarbeiter zum Muss einer modernen Personalführung gehört. Auch die Autoren dieses Buches gehören zu diesem Kreis. Sie wollen allerdings nicht den Fehler Anderer wiederholen, nicht klar zu definieren, was unter den beiden Begriffen Kompetenz und Verantwortung zu verstehen ist, die eines gemeinsam haben: sie werden jeweils sehr vieldeutig verwendet.

Wir müssen sogar noch eine Stufe früher ansetzen. Wenn in der Organisationstheorie die Forderung gestellt wird, dass sich in der Unternehmensorganisation Aufgaben, Verantwortung und Kompetenz decken müssen,[1] dann müssen wir zunächst den offensichtlich einfachen Begriff Aufgaben definieren. Man versteht darunter die Tätigkeiten, die einem Mitarbeiter innerhalb der Struktur- und Ablauforganisation eines arbeitsteilig organisierten Unternehmens übertragen sind, mit anderen Worten: die fachliche Zuordnung bestimmter Aufgabengebiete und die prozessuale Umsetzung der einzelnen Aufgaben auf/durch bestimmte Mitarbeiter. Diese fachliche Zuständigkeit wird nicht selten auch als Fachkompetenz bezeichnet – womit die Verwirrung beginnt. Unter Fachkompetenz werden nämlich andererseits die positiven Fähigkeiten, Fertigkeiten und Erfahrungen eines Mitarbeiters in seinem Aufgabengebiet verstanden. „Er ist fachlich sehr kompetent" bedeutet dann, dass es sich um einen Fachmann handelt. Auch der moderne Begriff der sozialen Kompetenz, unter welcher in erster Linie die Fähigkeit von Füh-

---

1 Vgl. Potthoff, E. (1992), Sp. 500.

rungskräften verstanden wird, mit anderen Menschen effektiv zu kommunizieren, Handlungspläne gemeinsam zu entwickeln und durchzuführen und die eigene Tätigkeit mit der Anderer zu koordinieren, gehört zu dieser zweiten Definition.

Der Begriff der Kompetenz steht jedoch nicht nur für Fähigkeiten, sondern auch für Befugnisse. Kompetenzen im Sinne von Befugnissen bezeichnen damit das Recht, Entscheidungen zu fällen und Anordnungen zu treffen oder Weisungen zu erteilen, um solche Entscheidungen umzusetzen. Wiederum soll ein einfaches Beispiel diesen Sachverhalt transparent machen. Als Vertriebsleiter Export sind Sie im Rahmen der Ihnen von Ihrer Unternehmensleitung vorgegebenen fachlichen Zuständigkeit für alle Exportmärkte für Marketing, Auftragsabwicklung sowie Preis- und Rabattgestaltung zuständig. Ihnen unterstellt sind mehrere Länderreferenten, welche die Abteilungsaufgaben jeweils für ein Land oder mehrere Länder wahrnehmen. Die Entscheidungskompetenz z. B. über die Rabattgestaltung ist ausschließlich Ihnen vorbehalten, die Entscheidungsumsetzung in Form der Weisungskompetenz hingegen, d. h., die Anweisung an die einzelnen Exporteure, in einer bestimmten Weise vorzugehen, delegieren Sie an Ihre Länderreferenten.

Sie können also Aufgaben und Kompetenzen delegieren – wie steht es aber mit der Verantwortung? Kann Verantwortung überhaupt delegiert werden? Wenn wir zwischen einer Führungs- und Handlungsverantwortung unterscheiden, fällt die Antwort leichter: Führungsverantwortung für die unmittelbar unterstellten Mitarbeiter – u. a. richtige Personalauswahl, Information, Kontrolle und Beurteilung – kann nicht delegiert werden. Sie bleibt unteilbar und unabdingbar bei Ihnen als Führungskraft. Im Gegensatz dazu ist die Handlungsverantwortung, d. h. die zielgerechte Erledigung der übertragenen Sachaufgaben an Ihre Mitarbeiter, delegierbar. Ihre Mitarbeiter tragen Ihnen gegenüber die Verantwortung für die Qualität ihrer Arbeit. Vernachlässigen diese ihre Aufgaben oder überschreiten sie ihre Kompetenzen, dann muss dies zu Konsequenzen führen. Verantwortung zu übernehmen bedeutet nämlich gleichzeitig, Konsequenzen in Kauf zu nehmen. Worin bestehen nun aber solche Konsequenzen? Diese Frage ist nicht eindeutig zu beantworten. Je nach dem Grad der Verletzung seiner Pflichten können diese von einer Ermahnung bis zur Entlassung gehen. Allerdings: Den Konsequenzen stehen häufig arbeits- oder betriebsverfassungsrechtliche Hindernisse entgegen und Schadensersatzansprüche bilden die absolute Ausnahme. Konsequenzen sind im Berufsalltag viel seltener anzutreffen als eine mangelhafte Aufgabenerfüllung oder gar eine Pflichtverletzung. Insofern bildet die „Übertragung von Verantwortung" nicht selten eine Worthülse, die einen fortschrittlichen Führungsstil dokumentieren soll.

> **Tipp:** Viel wichtiger ist es, Ihren Mitarbeitern mit der Übertragung von anspruchsvollen Aufgaben und adäquaten Kompetenzen das Gefühl der (Mit)Verantwortung zu geben.

Kompetenzen im Sinne von Befugnissen setzen Vollmachten voraus. Vollmachten als die Befugnis, eine Entscheidung von einer bestimmten Tragweite oder einer finanziellen Auswirkung zu treffen, müssen klar und eindeutig sein. Dies bedeutet, dass sowohl der Mitarbeiter, welchem diese Vollmacht übertragen wurde, als auch die Mitarbeiter, die sich an eine solche Entscheidung oder Weisung zu halten haben, müssen den Umfang einer solchen Vollmacht kennen. Zweckmäßigerweise werden solche Vollmachten schriftlich erteilt: unternehmensintern beispielsweise als Kassenvollmacht (Berechtigung, Barabhebungen oder Banküberweisungen bis zu einem bestimmten Betrag unterschreiben zu dürfen), unternehmensextern als Handlungsvollmacht, Prokura oder Generalvollmacht, mit dem Recht, im Namen des Unternehmens Verbindlichkeiten oder Verpflichtungen einzugehen. Der Umfang solcher Vollmachten steigt üblicherweise mit steigender Hierarchiestufe, im Interesse eines reibungslosen Geschäftsablaufs müssen sie aber grundsätzlich funktionsabhängig erteilt werden. Auch eine Vollmachtserteilung ad personam ist möglich (aber nicht mehr zeitgemäß): Eine Führungskraft wird wegen ihrer Verdienste zum Prokuristen ernannt, womit gleichzeitig nach innen und außen ein Vertrauensbeweis ausgesprochen wird. (Statussymbole – und in diesem Fall gehört die Prokuraerteilung dazu – sollen nicht selten eine an sich fällige Einkommenserhöhung ersetzen.)

Abschließend nochmals zu dem Thema Übertragung von Verantwortung.

Tipp: Verantwortung übertragen heißt, nicht nur Handlungsrechte zu übertragen, sondern gleichzeitig auch Handlungspflichten. Machen Sie dies auch Ihren Mitarbeitern bewusst.

Episoden aus dem Führungsalltag

Kompetenzen und Verantwortung im externen Schriftwechsel ergeben sich in der Regel aus der Form der jeweiligen Unterschriftsvollmacht. Die Organmitglieder unterschreiben nur mit ihrem Namen, die Prokuristen mit dem Zusatz „ppa", die Handlungsbevollmächtigten mit dem Zusatz „i. V." oder „i. A."

Dem neuen Personalvorstand fiel bei einem gemeinsam mit dem Leiter der Rechtsabteilung (!) zu unterzeichnenden Schreiben auf, dass dieser wie die Vorstandsmitglieder nur mit seinem Namen ohne einen weiteren Zusatz unterschrieb (er war Handlungsbevollmächtigter). Darauf angesprochen meinte er nur: „Das haben wir schon immer so gemacht."

Kapitel 8. Koordination und Kontrolle

> Vertraue, aber prüfe nach.
> (Russische Redewendung)

Wenn Sie in Ihrem Führungsbereich alle Aufgaben allein ausführen könnten, bräuchten Sie keine Mitarbeiter. Sie könnten sich selbst koordinieren und kontrollieren. Nachdem jedoch bei der erforderlich gewordenen Arbeitsteilung Ihre Mitarbeiter zu Aufgabenträgern wurden, deren Einzelaufgaben mehr oder weniger miteinander verzahnt sind, Sie selbst jedoch undelegierbar die Gesamtverantwortung haben, müssen Sie zunächst einmal koordinieren.

Koordinieren heißt nicht nur – wie im vorhergehenden Kapitel dargelegt – Aufgabengebiete und Arbeitsabläufe so zu gestalten, dass diese möglichst nahtlos ineinander greifen und keine Doppelarbeit gemacht wird. Koordinieren heißt darüber hinaus, dass Sie als Führungskraft die Voraussetzungen dafür schaffen, dass für die Erledigung der delegierten Aufgaben die Mitarbeiter mit den erforderlichen Mitteln – Sach- und Finanzmittel sowie Informationen – ausgestattet sind.

Gesamtverantwortung zu haben bedeutet aber auch kontrollieren. Ohne Kenntnis des jeweiligen Ist im Vergleich zum geplanten Soll können Sie nicht beurteilen, ob die anstehenden Aufgaben richtig erledigt wurden. Kontrolle bildet so gesehen eine gezielte Information. Der Begriff der Kontrolle ist häufig – zu Unrecht – mit einem negativen Inhalt versehen. Ohne Kontrolle im Sinne der jeweils neutralen Information über einen Prozessfortschritt kann nicht geführt werden. Die entscheidende Frage ist nicht das Ob, sondern das Wie.

Kontrolle umfasst einen weiten Bogen von Maßnahmen. Sie können Ihre Mitarbeiter täglich zum Rapport bestellen, Sie können dies möglicherweise nur einmal im Monat tun. Von was hängt Ihre Entscheidung im Einzelfall ab? Die Antwort kann nur lauten: (weitgehend) nicht von der Wichtigkeit der Aufgabe, sondern vom Arbeitsverhalten Ihrer Mitarbeiter. Oder noch besser gesagt: Ihr Kontrollumfang bzw. Ihre Kontrollintensität ist abhängig von Ihrer Einschätzung und Ihrem Wissen über das Arbeitsverhalten Ihrer Mitarbeiter.

Übernehmen Sie eine neue Führungsaufgabe mit neuen Mitarbeitern oder erhalten Sie in Ihrem jetzigen Aufgabengebiet neue Mitarbeiter, dann müssen Sie sich ein Bild über deren Kenntnisse und Fähigkeiten, insbesondere aber über deren Arbeitsverhalten machen. Womit wir wieder einmal bei der Personalbeurteilung angelangt wären.

Im Rahmen der täglichen Arbeit werden Sie relativ rasch die individuelle Zuverlässigkeit Ihrer einzelnen Mitarbeiter in Bezug auf Termineinhaltung und Qualität der Arbeit beurteilen lernen. Sie werden dabei die Erfahrung machen, dass Ihr Mitarbeiter Müller – auch ohne dass Sie ihm bei jeder Gelegenheit über den Rücken schauen – seine Aufgaben gemäß Ihrer Zielvereinbarung ausführt, dass er von sich aus kommt, wenn er nicht mehr weiter weiß oder eine Entscheidung braucht. Im Gegensatz hierzu arbeitet der Mitarbeiter Meier vor sich hin, rührt sich auch nicht, wenn es kritisch wird und überrascht Sie zum vereinbarten Erledigungstermin mit der Feststellung, dass er keinerlei Unterstützung gehabt habe und deshalb die Aufgabe nicht zu Ende führen konnte.

Die Konsequenz aus einem solch unterschiedlichen Arbeitsverhalten ist klar: Sie werden sich künftig kaum um die Arbeit Ihres Mitarbeiters Müller kümmern, die dabei eingesparte Zeit aber dazu verwenden, Ihren Mitarbeiter Meier „an die kurze Leine zu nehmen", um künftig vor unliebsamen Überraschungen sicher zu sein.

So ungern die eine oder andere Führungskraft kontrolliert: Wenn es sein muss, führt kein Weg daran vorbei.

> **Tipp:** Denken Sie daran, dass Sie Ihrem Vorgesetzten gegenüber eine Ergebnisverantwortung haben.

Auch Ihr Bereich hat im Rahmen der Arbeitsteilung innerhalb des Unternehmens nur Teilaufgaben. Auch Ihr Vorgesetzter macht sich ein Bild darüber – und orientiert sein Kontrollverhalten daran –, in welchem Grad er sich auf Sie verlassen kann. Dieser Grad des Verlassenkönnens ist umso höher, je höher die Zuverlässigkeit Ihrer Mitarbeiter ist.

Kontrolle hat – wie so vieles – auch mit Psychologie zu tun.

> **Tipp:** Wenn Sie etwas zu kritisieren haben: Überlegen Sie sich vorher nicht nur, was Sie kritisieren wollen, sondern vor allem auch, wie Sie kritisieren wollen.

Kritik hat nicht nur eine sachliche, sondern auch eine persönliche Seite. Sie erfordert, um nicht verletzend zu wirken, sehr viel Fingerspitzengefühl. Wenn Kritik erforderlich wird, brauchen dies die Kollegen des zu Kritisierenden nicht unmittelbar mitzubekommen: Sie sollte besser unter vier Augen vorgebracht werden. Aber keine Regel ohne Ausnahme: Wenn Sie eine Kritik bewusst als „Erziehungsmaßnahme" demonstrieren wollen, weil Sie diese bereits wiederholt zum Ausdruck gebracht haben, dann tun Sie es. Manchmal ist eine Kritik coram publico heilsam.

> **Tipp:** Wenn Sie kritisieren, dann sachlich und nicht so, dass Ihr Gegenüber sein Gesicht verliert.

Selbst auf sachliche Kritik reagieren viele Menschen empfindlich oder sogar überempfindlich. Wenn sie sich dann auch noch persönlich (ungerecht) angegriffen fühlen und die Kritik vielleicht sogar als beleidigend empfinden, ist ein Gesichtsverlust nicht zu vermeiden. Die Folge: eine nachhaltige Störung der Zusammenarbeit und des Wir-Gefühls.

Kontrolle hat – und auch daran sollten Sie denken – nicht nur negative Aspekte. Kontrolle bildet auch die Grundlage dafür, das positive Ergebnis einer Aufgabe herauszustellen. Zur Kontrolle gehört daher nicht nur Kritik, sondern auch Lob.

> **Tipp:** Loben Sie daher auch einen Mitarbeiter, wenn er eine Aufgabe gut gemacht hat.

Hoffentlich gehören Sie nicht zu den Führungskräften, die einen Mitarbeiter auch dann loben, wenn dieser seine Aufgabe weniger gut oder sogar schlecht gemacht hat. Sie vergessen sonst, dass ein derart gelobter Mitarbeiter keine Veranlassung hat, sein Verhalten zu ändern und in Zukunft den gleichen Fehler wieder macht! Hoffentlich gehören Sie andererseits auch nicht zu den Führungskräften, die meinen, nicht zu kritisieren, sei Lob genug!

Episoden aus dem Führungsalltag

Der altgediente Prokurist einer kleinen Tochtergesellschaft eines Weltunternehmens hatte von seinem Geschäftsführer den Auftrag, morgens durch die Büros zu gehen und alle Mitarbeiter namentlich festzuhalten, die zum offiziellen Arbeitsbeginn noch nicht an ihrem Schreibtisch saßen. Dabei wurde auch ein sonst wohlerzogener kaufmännischer Lehrling zu Unrecht notiert. Dieser revanchierte sich damit, dass er sich am Ende seines Ausbildungsabschnitts bei dem Prokuristen nicht wie vorgesehen abmeldete. Das Ergebnis: Er wurde weitere 4 Wochen lang täglich als nicht pünktlich notiert und dem Geschäftsführer gemeldet – eine Tatsache, über die sich die gesamte Abteilung höllisch freute, weil sich der Beliebtheitsgrad des Prokuristen in engen Grenzen hielt.

Und noch eine (wahre) Geschichte zum Thema Kontrolle: Eine sehr tüchtige, aber als erzkonservativ bekannte Personalreferentin war beinahe mütterlich darum besorgt, dass die in ihrem Ausbildungsbereich tätigen jungen Bürodamen nicht krank wurden. Aus ihrer Sicht war es insbesondere im Winter eine Selbstverständlichkeit, durch eine angemessene warme Unterbekleidung Erkältungsgefahren vorzubeugen. Sie empfahl daher dringend wollene Unterwäsche und prüfte durch Rockhochheben nach, ob ihrer Empfehlung Folge geleistet wurde.

Das Ergebnis war nicht messbar.

Kapitel 9. Konfliktlösung und Sanktionskultur

Alles Gescheite ist schon gedacht worden.
(Goethe)

Das folgende Kapitel wäre überflüssig, wenn es nur makellose Führungskräfte und makellose Mitarbeiter geben würde. Dies ist leider nicht der Fall. Ohne Konfliktlösung und Sanktionskultur geht es daher nicht.

Konfliktlösung

Überall, wo Menschen zusammenleben oder zusammenarbeiten, kann es nicht ausbleiben, dass es zu Spannungen oder Konflikten kommt. Mitunter sind es nichtige Anlässe, mitunter aber auch gravierende Vorgänge, die einen Menschen zutiefst verunsichern, beleidigen, bloßstellen oder unmöglich machen können. Jeder Mensch, ob in der aktiven oder in der passiven Rolle, reagiert je nach Veranlagung anders. Je mehr Menschen zusammenarbeiten, desto größer wird das mögliche Konfliktpotential.

Nachdem der Erfolg einer arbeitsteilig organisierten Tätigkeit in hohem Maße auch von einer reibungslosen Zusammenarbeit als Team abhängt, fällt Ihnen als „Teamleader" die entscheidende Koordinationsrolle zu. Gemeint ist in diesem Falle nicht die fachliche Koordination, sondern die menschliche, die persönliche.

> **Tipp:** Denken Sie an die Vermeidung von persönlich verursachten Reibungsverlusten.

Die offene Auseinandersetzung zwischen zweien Ihrer Mitarbeiter bildet die Ausnahme. Meist entwickeln sich persönliche Meinungsverschiedenheiten im Verborgenen. Sie erfahren davon entweder durch Zufall oder auf Umwegen, meist mit einer zeitlichen Verzögerung, sodass der Konflikt bereits einige Zeit schmort. Werden Ihnen solche gravierenden Konfliktsituationen bekannt, dann handeln Sie ohne Verzögerung, aber nie unüberlegt.

> **Tipp:** Machen Sie sich ein klares Bild über den objektiven Sachverhalt des Konflikts, ehe Sie entscheiden.

Sie müssen mit den betreffenden Mitarbeitern selbst sprechen, sich die Fakten auf den Tisch legen lassen und sich dann selbst ein objektives Urteil bilden. Wenn Sie zu einem Ergebnis gekommen sind, dann setzen Sie sich mit den beiden Kontrahenten zusammen und schlagen Sie (oder geben Sie) eine Lösung vor, die beide mittragen.

Wir haben bereits bei dem Thema Delegation gefragt, was es heißt, „jemand zur Verantwortung ziehen". Wir haben gesehen, dass die Antwort auf diese Frage nicht leicht fällt. Hat jemand eine Straftat begangen, wird er dafür verurteilt und damit für diese Tat zur Verantwortung gezogen, d. h., er erhält eine von der Schwere der Tat abhängige Geld- oder Freiheitsstrafe. Wie steht es aber im übrigen Leben? Ein Fußballtrainer wird entlassen, wenn er erfolglos ist, der Vertrag eines Vorstandsmitglieds wird nicht mehr verlängert oder vorzeitig aufgelöst. Was passiert einem Mitarbeiter, wenn dieser „Mist gebaut hat" oder einfach nicht kooperationsbereit ist? Was passiert, wenn zwei Mitarbeiter ihren persönlichen Konflikt zum Nachteil Ihres Führungsbereichs nicht beilegen?

Die Antwort lautet: viel zu oft nichts oder das Falsche.

Womit wir bei der Frage der Sanktionen, bei der Sanktionskultur, angelangt sind.

Sanktionskultur

In kaum einem Punkt lässt die unterschiedliche Reaktion der Führungskräfte so auf deren Veranlagung schließen, wie bei erforderlich werdenden Sanktionen. Gerechtigkeit, Selbstbewusstsein, Feigheit, Mut oder Zivilcourage – je nach Veranlagung kommen diese Eigenschaften zum Ausdruck.

- Der erste Vorgesetzte lässt keine Entschuldigung gelten, reagiert sofort und mit harten Maßnahmen: Abmahnung, Versetzung, Entlassung.
- Der zweite Vorgesetzte reagiert eher kumpelhaft und scherzhaft, scheint den Vorgang nicht ganz ernst zu nehmen und glaubt, der

Mitarbeiter habe die Kritik verstanden. In Wirklichkeit hat der Mitarbeiter den Eindruck, die ganze Kritik sei gar nicht so gemeint gewesen – und macht weiter wie bisher.

- Der dritte Vorgesetzte reagiert vor allem laut und mit massiven Beschimpfungen und/oder Drohungen; es passiert allerdings nichts.
- Der vierte Vorgesetzte kritisiert nicht und droht auch nicht mit Konsequenzen. Bei ihm herrscht tagelang generell nur „dicke Luft". Die Mitarbeiter tun gut daran, ihrem Chef in dieser Zeit aus dem Wege zu gehen. Ist der Pulverdampf dann erst einmal verraucht, geht das Alltagsleben ohne Konsequenzen weiter.
- Der fünfte Vorgesetzte geht über den oder die Vorgänge einfach hinweg, negiert sie.

All diese geschilderten Reaktionen sind falsch.

Die schlechteste Reaktion einer Führungskraft auf Fehler oder nicht (ordnungsgemäß) erledigte Aufgaben ist die Nicht-Reaktion. Wenn Sie einen Ihrer Mitarbeiter dafür kritisieren, dass er jeden zweiten Tag zu spät kommt oder Ihnen angeforderte Unterlagen grundsätzlich erst auf Ihre Mahnung hin liefert, dann müssen Sie reagieren. Sie verlieren sonst nicht nur Ihre Glaubwürdigkeit bei Ihren übrigen Mitarbeitern, die ihre Arbeit gut machen, sondern fordern Ihren „Negativmitarbeiter" geradezu heraus, so weiterzumachen wie bisher. Im Übrigen sollten Sie auch bedenken, dass Ihnen Ihr Mitarbeiter dankbar ist, wenn er auf einen Fehler aufmerksam gemacht wird. Er macht ihn ja schließlich nicht bewusst und möchte ihn ein zweites Mal vermeiden.

Tipp: Entscheidend ist, dass Ihre Mitarbeiter wissen, dass etwas geschieht, wenn etwas passiert ist.

Das Schlimmste, was Ihnen als Führungskraft widerfahren kann, ist, dass Sie nicht mehr für voll genommen werden, dass Ihre Autorität leidet.

Tipp: Wer seine Macht missbraucht, handelt schlecht. Wer aber seine Macht nicht gebraucht, handelt nur wenig besser.

Ihre Reaktion und die Konsequenzen müssen aber in einem angemessenen Verhältnis zur Bedeutung des Vorgangs stehen. Handelt es sich um einen „Ersttäter" oder um einen „Wiederholungstäter"? Auch diese Frage ist für die Härte der Reaktion wichtig.

> **Tipp:** Handeln Sie, aber handeln Sie gerecht und angemessen.

Wenn wir über Sanktionen sprechen, dürfen wir allerdings nicht so tun, als ob Sie als Führungskraft immer in eigener Machtvollkommenheit entscheiden könnten, welche Sanktion tatsächlich auch wirksam wird. Dem ist nicht so: Denken Sie an die Bestimmungen des kollektiven (Betriebsverfassungs- und Tarifrecht) und individuellen Arbeitsrechts (Arbeitsvertragsrecht). In Kapitel 16 finden Sie zwar keine erschöpfenden Ausführungen zur Mitbestimmung, aber einige praxisnahe rechtliche Hinweise für wichtige personelle Einzelmaßnahmen.

Sanktionen haben jedoch nicht nur rechtliche und die bereits ausführlicher angesprochenen psychologischen Aspekte. Sie können und müssen darüber hinaus auch materieller Natur sein. Was heißt das? Es ist falsch, einen Mitarbeiter, mit dessen Leistungen Sie nicht zufrieden sind, mit einer Lohn- oder Gehaltserhöhung zu bedenken, ihn damit zu belohnen. Leistungszulagen oder Boni müssen ebenfalls leistungsorientiert vergeben werden. Müssen Sie einen Mitarbeiter wegen anhaltend ungenügender Leistung auf einen geringwertigeren Arbeitsplatz versetzen, ist es falsch, diesem sein bisheriges Vergütungsniveau oder seine sonstigen Vergünstigungen (einschließlich Statussymbolen!) zu belassen. Sie erleichtern ihm zwar seinen neuen Start, wenn Sie ihm nichts wegnehmen, werden aber gleichzeitig Ihren übrigen Mitarbeitern gegenüber ungerecht.

Eine Empfehlung zum Schluss dieses Kapitels:

> **Tipp:** Wenn Sie sich zum dritten oder vierten Mal über einen Ihrer Mitarbeiter beklagen (zuhause bei Ihrem Mann oder bei Ihrer Frau, bei Ihrer Sekretärin oder bei einer Kollegin oder einem Kollegen), dann haben Sie schon etwas falsch gemacht: Entweder haben Sie Ihren Mitarbeiter nicht angesprochen oder haben bereits zu lange mit Konsequenzen gewartet.

Episoden aus dem Führungsalltag

Der Vorstand einer bekannten deutschen Aktiengesellschaft reagierte auf Kritik, Fehler oder unzureichende Ergebnisse häufig cholerisch. Wenn seine Führungskräfte zum Rapport erscheinen mussten, waren diese meist auf eine handfeste und auch laute Abreibung gefasst. Während die in dieser Hinsicht noch unerfahrenen neuen Führungskräfte mit einer solch massiven Kritik erhebliche Probleme hatten und diese nicht so leicht wegstecken konnten, wussten die „alten Hasen", dass diese Kritik ohne Konsequenzen blieb, da eine Sanktionskultur fehlte. Der „Wadenbeißer" wurde von seinen Mitarbeitern nur noch bedingt ernst genommen, nachdem bekannt wurde, dass er einem seiner Auslandsgeschäftsführer innerhalb von zwei Jahren insgesamt 14 (in Worten vierzehn) mal gekündigt hatte.

Kapitel 10. Personalentwicklung

> Was wir im Laufe der Zeit an Können und Geschick
> hinzugelernt haben, verdanken wir alles unseren Leuten.
> Mein Glaube ist, dass Männer, wenn man ihnen die Freiheit
> der Entwicklung und das Bewusstsein des Dienens gibt,
> stets ihre ganze Kraft und ihr ganzes Können selbst auf die
> geringfügigste Aufgabe verwenden werden.
> (Henry Ford)

Im Rahmen der Personalplanung haben wir den hohen Stellenwert der Mitarbeiterentwicklung zur Nutzung der innerbetrieblichen Qualifikationsreserven über die Vorbereitung der Mitarbeiter auf veränderte Arbeitsanforderungen, höherwertige Aufgaben oder Führungsaufgaben betont. Viele Unternehmensleitungen bringen zwischenzeitlich in Geschäftsberichten, Personalberichten oder in Betriebsversammlungen zum Ausdruck, dass ihre Mitarbeiter ein wichtiges „planend zu bewertendes Investitionsgut" bzw. „die teuerste, sensibelste und am schwierigsten zu gewinnende bzw. zu erhaltende Ressource" bilden. Die Praxis sieht allerdings häufig immer noch anders aus – und sie verändert sich in Abhängigkeit von der jeweiligen Beschäftigungssituation des Unternehmens. Personalentwicklung wird meist nicht strategisch-langfristig, sondern in Abhängigkeit von der aktuellen Beschäftigungssituation kurzfristig und damit beschäftigungszyklisch umgesetzt. Auch Ressortinteressen spielen eine nicht zu unterschätzende Einflussgröße.

Was können Sie als unmittelbarer Vorgesetzter für Ihre entwicklungsfähigen Mitarbeiter tun?

Tipp: Ressortdenken ja, Ressortegoismus nein.

Ressortdenken ja – was heißt dies? Sie sind für die Ergebnisse Ihres Führungsbereichs verantwortlich. Deshalb werden Sie (hoffentlich) alles tun, um qualifizierte Ersatz- oder Zusatzmitarbeiter zu bekommen. Sie gehören hoffentlich nicht zu den Führungskräften, die bei einer gegebenen Alternative lieber auf einen entwicklungsfähigen Kandidaten verzichten, weil Sie befürchten, diesen bald innerhalb des Hauses wieder zu verlieren, weil Sie die mit der Einarbeit verbundenen Mühen nicht umsonst getätigt haben wollen – oder weil Sie den neuen qualifizierten Mitarbeiter sogar als Konkurrent für Ihre eigene Position sehen. Eine solche Betrachtungsweise ist kurzsichtig.

> **Tipp:** Eine Führungskraft, von der bekannt ist, dass sie der Personalentwicklung einen hohen Stellenwert beimisst, erhält langfristig die besseren Mitarbeiter.

Ebenso kurzsichtig ist es, einen entwicklungsfähigen Mitarbeiter im eigenen Führungsbereich halten zu wollen, obwohl Sie ihm keine weiterführende Position anbieten können.

> **Tipp:** Kein Mitarbeiter darf an einer innerbetrieblichen Versetzung gehindert werden, wenn er in einem anderen Führungsbereich für das Gesamtunternehmen besser eingesetzt werden kann.

Insofern Ressortegoismus nein. Geben Sie daher einen Mitarbeiter für eine qualifiziertere Aufgabe in einem anderen Führungsbereich frei, wenn er die Chance hat. Tun Sie dies nicht, werden Sie diesen Mitarbeiter, der seine eigenen Qualitäten kennt, früher oder später trotzdem verlieren. Nehmen Sie lieber eine Kündigung zum Nachteil des Gesamtunternehmens in Kauf? Natürlich gibt es auch ungeduldige Mitarbeiter, denen ihre berufliche Entwicklung nicht rasch genug geht. Hier gilt es auch zu bremsen. Dies gelingt Ihnen umso besser, je mehr Ihr Mitarbeiter weiß oder zumindest das Gefühl hat, dass seine Interessen bei Ihnen gut aufgehoben sind – aufgrund positiver Vorgänge bei Kolleginnen und Kollegen.

Personalentwicklung hat aber auch noch andere Aspekte. Sie müssen als Führungskraft die Entwicklungspotentiale Ihrer Mitarbeiter erkennen. Wir haben bereits darauf hingewiesen, dass Personalbeurteilung nicht nur vergangenheitsbezogene Leistungsbeurteilung, sondern auch zukunftsorientierte Entwicklungsbeurteilung bedeutet.

> **Tipps:**
> - Beurteilen Sie einen entwicklungsfähigen Mitarbeiter objektiv und nicht wider besseren Wissens schlechter, um ihn nicht zu verlieren?
> - Beurteilen Sie andererseits einen Mitarbeiter bewusst besser, um ihn „wegzuloben"?

Je größer die Zahl der Ihnen unmittelbar und mittelbar unterstellten Mitarbeiter, desto schwerer wird es für Sie, sich ein persönliches Bild von deren Entwicklungspotentialen zu machen. Insbesondere die Ihnen nicht unmittelbar unterstellten Mitarbeiter kennen Sie häufig nur oberflächlich und aus der Beurteilung von deren unmittelbaren Vorgesetzten.

> **Tipp:** Fordern Sie daher Ihre unmittelbar unterstellten Mitarbeiter auf, zu einer Besprechung bei Ihnen auch deren Sachbearbeiter mitzubringen.

Die Mittel und Methoden der Personalentwicklung beschränken sich nicht auf den Besuch von Fach- oder Führungsseminaren. Diese weit verbreitete Meinung ist falsch. Personalentwicklung ist in erster Linie training on the job. Die tägliche Erfahrung ist es in erster Linie, die zu einer fachlichen und persönlichen Horizonterweiterung führt.

> **Tipp:** Personalentwicklung ist daher primär eine Erfahrungsvermittlung durch Sie als Führungskraft.

Sie haben es sicher selbst schon erlebt, dass Ihnen ein älterer Kollege sagte: „Mich hat vor allem Herr X oder Y in meiner Denkweise, in meinem Arbeitsstil geprägt." Eine der Voraussetzungen für eine positive Mitarbeiterentwicklung ist sicher das Wollen Ihrer Mitarbeiter und deren Bereitschaft, selbst etwas in diese Entwicklung zu investieren. Diesem Wollen folgt dann das Können. Ganz wichtig ist jedoch auch das Glück, einen verständnisvollen Vorgesetzten gefunden zu haben, der einen fördert. Versuchen Sie, ein solcher Vorgesetzter zu sein oder zu werden!

> **Tipp:** Beziehen Sie Ihre Mitarbeiter deshalb in Ihre Überlegungen mit ein, sagen Sie ihnen, warum Sie in einem konkreten Vorgang so und nicht anders entschieden haben. Geben Sie Ihre Erfahrungen weiter.

Solche Überlegungen werden Ihre Mitarbeiter zu einem späteren Zeitpunkt in einer ähnlichen Situation reflektieren und dann richtig entscheiden.

> **Tipp:** Übertragen Sie einem entwicklungsfähigen Mitarbeiter auch erweiterte, anspruchsvollere Aufgaben in seinem jetzigen Aufgabenbereich.

Erfreulicherweise sind unsere heutigen Aufbau- und Ablauforganisationen nicht mehr so starr, als dass sie nicht mitarbeiterbezogen und mitarbeiterabhängig modifiziert werden könnten. Denken Sie aber auch an Zusatzaufgaben wie eine vorübergehende Tätigkeit in einer Projektgruppe oder eine Stellvertreterregelung. Insbesondere Letztere eignet sich sehr gut dafür, unter Aufsicht zu üben!

Machen Sie Ihren entwicklungsfähigen Mitarbeitern aber auch klar:

> **Tipp:** Förderung bedeutet nicht Anspruch auf Beförderung.

Förderung bedeutet zunächst einmal, die fachlichen und persönlichen Voraussetzungen für die Übernahme einer qualifizierteren Aufgabe zu schaffen. Eine Beförderung kann erst in dem Moment erfolgen, indem eine solche Aufgabe auch zur Verfügung steht.

Episoden aus dem Führungsalltag

Eine jüngere Mitarbeiterin, in einer angelernten Tätigkeit beschäftigt, wurde trotz gewisser fachlicher Bedenken das Angebot gemacht, einen weiterführenden Schulungskurs zu besuchen. Anstelle einer Zusage kündigte sie jedoch ihr Arbeitsverhältnis mit der Begründung: „Bin nicht begabt, daher werde ich heiraten."

Kapitel 11. Vergütung

> „Ein Arbeiter ist seines Lohnes wert"
> (Lukas 10, 7)

Vergütung bildet ein wesentliches Motivations- und damit auch ein wesentliches Führungsinstrument.

Machen Sie sich bitte immer wieder bewusst: Ein Unternehmen beschäftigt Menschen (auch Sie!), zu deren Besonderheit gehört, dass sie als Träger des Faktors Arbeit Träger einer Arbeitsleistung sind. Im Grunde genommen kauft das Unternehmen in der Person seiner Mitarbeiter deren spezifische persönlichen Kenntnisse und Fähigkeiten zur Erledigung der verschiedenartigen Aufgaben innerhalb des Unternehmens. Der Mitarbeiter verkauft seine Fähigkeiten, um seine persönlichen Bedürfnisse befriedigen zu können. Wir haben darauf im ersten Kapitel ausführlich hingewiesen.

Wir haben auch gezeigt, dass die den Unternehmen zur Verfügung stehenden Anreize vielfältig sind, und u. a. in der Arbeitsaufgabe selbst liegen, nicht zuletzt aber in der Vergütung. Unternehmen, die im Rahmen ihrer Personalpolitik versuchen, eine leistungsfördernde Palette von Motivationsanreizen in Form betrieblicher Leistungen als Gegenleistung für die individuelle Arbeitsleistung anzubieten, tun gut daran, dem Thema Vergütung als Führungsinstrument einen hohen Stellenwert zuzuordnen.

Als Führungskraft haben Sie in der Regel keinen oder kaum einen Einfluss auf die Gestaltung eines Vergütungssystems. Welche Einwirkungsmöglichkeiten haben Sie trotzdem auf die Vergütung?

Mitarbeiter haben im Allgemeinen ein sehr feines Gefühl für Gerechtigkeit und Ungerechtigkeit. Sie erkennen sehr rasch, wenn eine vergleichbare Leistung mehr oder weniger willkürlich ungleich und eine nicht vergleichbare Leistung gleich honoriert wird. Auch wenn Zufriedenheit und damit Motivation nicht nur aus der Vergütung, sondern auch aus einer ganzen Anzahl anderer Faktoren entsteht, wie der Arbeitsaufgabe selbst: Nur wenn beides als positiv empfun-

den wird, entsteht eine hohe Arbeitsmotivation. Eine hohe Vergütung kann die Unzufriedenheit mit der Aufgabe und den anderen
Umfeldfaktoren kompensieren – und umgekehrt. Idealerweise muss
beides stimmen – wozu in erster Linie Sie als Führungskraft beitragen können.

> **Tipp:** Differenzieren Sie die Vergütung Ihrer Mitarbeiter leistungsbezo-
> gen! Folgen Sie dem Grundsatz: Differenzierung statt Nivellierung!

Die berühmte „Gießkanne" bei der Verteilung von Gehaltser-
höhungen oder Leistungsprämien ist nicht mehr zeitgemäß. Hoffentlich gehören Sie nicht zu den Führungskräften, die bei einer
positiven Entscheidung über eine individuelle Einkommensanhe-
bung dem Mitarbeiter gegenüber argumentieren: „Ich habe für Sie
eine Gehaltserhöhung herausgeholt...", bei einer negativen Entscheidung dagegen bedauernd feststellen: „Ich hätte Ihnen gern
eine Gehaltserhöhung gegeben, das Personalressort war aber dagegen."

Das Verständnis von der Vergütung als Führungsinstrument erfordert vielmehr ein funktionierendes Zusammenspiel auf Unternehmensseite, andererseits aber auch einen möglichst hohen Konsens
mit dem Betriebsrat. Ziel eines funktionierenden Zusammenspiels
von Unternehmensleitung, Führungskräften und Personalressort
muss eine übereinstimmende Argumentation gegenüber den Mitarbeitern sein.

Sie bilden als Führungskraft den verlängerten Arm der Unternehmensleitung und haben daher auch in der Vergütungsfrage eine
Führungsverantwortung. Sie müssen als Führungskraft eindeutig
hinter den Vorgaben Ihrer Unternehmensleitung stehen. Sie dürfen
sich aber auch nicht hinter derselben verstecken.

> **Tipps:**
> - Vertreten Sie mit Mut und Zivilcourage Ihren Mitarbeitern gegenüber
>   sowohl die generelle als auch die individuelle Vergütungspolitik Ihres
>   Unternehmens!
> - Zielvereinbarung und Soll-Ist-Vergleich, im Kapitel Personalbeurteilung
>   ausführlich behandelt, bilden die Grundlage einer gerechten Vergü-
>   tungspolitik!

> • Leistungs- und ertragsorientierte variable Vergütungskomponenten wirken nicht nur motivierend, sie tragen darüber hinaus zu einer Flexibilisierung der Personalkosten bei (siehe Kapitel 12)!

Am Ende des Kapitels möchten wir nochmals auf Goethe (siehe Innerbetriebliche Information) zurückkommen. Goethe hat nicht immer Recht. Auch nicht mit seiner Aussage, dass der Andere immer nur das Nein, also im Grunde genommen das Negative hört. Sie werden die Erfahrung machen, dass Ihre Mitarbeiter in Vergütungsfragen meist nur das Positive hören. Wenn Sie einem Mitarbeiter (auch einem Bewerber) die Perspektive aufzeigen, bei einer entsprechenden Leistung mit einer 4–5 %igen Gehaltserhöhung rechnen zu können, dann ist er mit einer späteren Gehaltsanhebung um 4 % unzufrieden. Daher:

> **Tipp:** Stellen Sie bei in Aussicht genommenen Gehaltszusagen keine Spannen oder Bandbreiten in den Raum, sondern nur einen konkreten Zahlenwert oder Prozentsatz.

Episoden aus dem Führungsalltag

Ein langjähriger Mitarbeiter der Patentabteilung, Mitte 50, mit eher unterdurchschnittlichen Leistungen, wurde dabei ertappt, dass er im hauseigenen Lebensmittelmarkt vier $1/_2$-Pfund-Butterpäckchen ohne Bezahlung „mitgehen" ließ. Als er zu dem Vorgang befragt wurde, gab er zu, im Laufe der vorhergehenden Wochen mindestens 5 kg Butter entwendet zu haben. Auf die Frage, was ihn dazu bewegt habe, gab er zur Antwort, er habe seit vier Jahren keine Gehaltserhöhung mehr bekommen und wolle sich auf diesem Wege einen gewissen Ausgleich verschaffen und sich gleichzeitig am Unternehmen rächen.

Kapitel 12. Personalkosten

> „Ich zahle nicht gute Löhne, weil ich viel verdiene,
> ich verdiene viel, weil ich gute Löhne zahle"
> (Robert Bosch)

Ziel eines jeden erwerbswirtschaftlich geführten Unternehmens ist es, mit seinen Aktivitäten Gewinn zu erzielen. Der Weg dahin führt entweder über die Produktion von Gütern oder die Bereitstellung von Dienstleistungen. Beides erfordert den Einsatz bestimmter Produktionsfaktoren (Kapital, Sachmittel und Menschen) – und diese Produktionsmittel sind nicht kostenlos zu bekommen.

Lohn und Gehalt mit seinen vielfältigen Ausprägungen und seiner Begriffsvielfalt als Vergütung, Bezüge, Entgelt, Festgehalt, Bonus, Tantieme oder auch betriebliche Sozialleistungen als Zusatzleistungen wird ein Unternehmen nur dann in einer bestimmten Größenordnung bezahlen, wenn es der Auffassung ist, dass diese Kosten niedriger sind als der Erlös, welchen es mit diesem Personaleinsatz erzielen kann (oder erzielen zu können glaubt). Eine ausschließliche Betrachtung des ökonomischen Prinzips der Betriebswirtschaftslehre als „Minimalprinzip" beleuchtet allerdings nur eine Seite der Medaille. Ebenso wird ein vernünftig geführtes Unternehmen versuchen, bei gegebenen Lohn- und Gehaltskosten einen maximalen Erlös zu erzielen („Maximalprinzip"). Beide Betrachtungsweisen laufen daher parallel: Gewinnmaximierung und Kostenminimierung.

In vielen Unternehmen bilden die Personalkosten heute den größten Kostenblock. Sie betragen – wie schon erwähnt – im Durchschnitt 50 000 EURO je Mitarbeiter und Jahr. Welchen Anteil die Personalkosten in Ihrem Führungsbereich haben, sehen Sie nicht nur bei Ihrer jährlichen Budgetplanung, sondern auch in den monatlichen Kosten-Soll-Ist-Vergleichen Ihres Controllingressorts.

Personalkosten umfassen als Personalbasiskosten nicht nur das „Entgelt für geleistete Arbeit", sondern als Personalzusatzkosten auch Zahlungen für „nicht-geleistete" Arbeit, konkret für Urlaub,

Feiertage und Krankheit sowie die Sozialversicherungsbeiträge des Arbeitgebers. Die Personalzusatzkosten haben in der Bundesrepublik Deutschland zwischenzeitlich eine ähnliche Größenordnung erreicht wie das Entgelt für geleistete Arbeit als Basiskosten.

Jede Personalentscheidung – ob Einstellung, Beförderung oder Kündigung (Letztere zumindest häufig) – hat automatisch Personalkosten zur Folge. Die meisten Personalentscheidungen sind dadurch gekennzeichnet, dass sie nicht nur kurzzeitig, sondern längerfristig wirksam – und aus arbeitsrechtlichen Gründen häufig auch nur mit einem erheblichen finanziellen Aufwand korrigierbar sind.

> **Tipp:** Treffen Sie Personalentscheidungen daher nie, ohne deren kostenmäßige Auswirkungen vorbedacht zu haben.

Ihre Personalbasiskosten werden in erster Linie durch die Zahl Ihrer Mitarbeiter beeinflusst. Versuchen Sie daher, in Zeiten zusätzlichen Personalbedarfs die Zahl Ihrer Neueinstellungen so niedrig wie möglich zu halten. Eine nicht erfolgte Einstellung bedeutet zu einem späteren Zeitpunkt eine Kündigung weniger. Der bessere Weg zur Nutzung Ihrer Personalkapazitäten liegt in einer Erhöhung der Motivation Ihrer Mitarbeiter. Nutzen Sie darüber hinaus Ihre Flexibilitäten in der Arbeitszeitgestaltung: Gleitende Arbeitszeit, Zeitkonten und (vorübergehende) Überzeit sind grundsätzlich einer Neueinstellung vorzuziehen.

> **Tipp:** Personalnebenkosten bedeuten Vergütung für nicht geleistete Arbeit. Reduzieren Sie diese, wo immer es geht.

Sozialversicherungsbeiträge, Urlaubsvergütung, Feiertagsvergütung oder Aufwendungen für eine betriebliche Altersversorgung können Sie nur indirekt beeinflussen, indem Sie weniger Mitarbeiter beschäftigen. Vergessen Sie aber nicht Ihre Einwirkungsmöglichkeiten auch bei gegebener Mitarbeiterzahl:

> **Tipp:** Krankheitsbedingte Fehlzeiten sind häufig die Folge schlechter Personalführung.

Die Angst vor der Arbeit, vor den Kollegen, vor dem Vorgesetzten beeinträchtigen nicht selten das vegetative Nervensystem und führen zu Krankmeldungen, ohne dass eine echte organische Erkrankung vorliegt. Die Einstellung zur Arbeit und der Grad der Befriedigung durch die Tätigkeit haben einen großen Einfluss auf die Krankheitsneigung. Wer sich an seinem Arbeitsplatz ständig überfordert fühlt, flüchtet in die Krankheit. Wer nicht ausgelastet ist, fühlt sich nicht verantwortlich und meint infolgedessen, seine Anwesenheit sei nicht erforderlich, und sein Fehlen würde gar nicht bemerkt. Je wichtiger sich ein Mitarbeiter fühlt, desto weniger wird er krank werden. – Sie haben es als Führungskraft in der Hand, die Arbeitsumwelt Ihrer Mitarbeiter entsprechend positiv zu gestalten.

Episoden aus dem Führungsalltag

Ein Vertriebs-Geschäftsleiter war dafür bekannt, dass er – zurückhaltend formuliert – nicht besonders kostenbewusst war. Hinzu kam, dass er finanziellen Wünschen und Forderungen seiner Mitarbeiter gerne nachgab, um keinen Ärger mit denselben zu bekommen. Insbesondere bei der Überstundenabrechnung seiner Außendienstmitarbeiter war er ausgesprochen großzügig. Als eine von ihm unterschriebene Reisekostenabrechnung beanstandet wurde, weil der betreffende Mitarbeiter bei der Rückreise von Fernost für einen Arbeitstag 25 Stunden verrechnete, meinte der Geschäftsleiter nach kurzem Nachdenken: „Ich weiß nicht, was Sie an dieser Abrechnung stört; sie ist in Ordnung. Sie haben nicht daran gedacht, dass wir zwischen Fernost und Europa eine Zeitverschiebung haben."

Kapitel 13. Mitbestimmung

> „Politik ist die Kunst des Möglichen"
> (Bismarck)

Die in der deutschen Wirtschaft generell zu findende Überregulierung ist in Personalfragen besonders ausgeprägt. Gesetzliche Vorgaben durch Mitbestimmung, Betriebsverfassung und Arbeitsschutz werden verstärkt durch einengende tarifliche Regelungen und die Rechtsprechung. Ende 2004 gab es in der Bundesrepublik Deutschland nahezu 65 000 gültige Tarifverträge, davon mehr als 7000 alleine für Vergütungsfragen! Das rechtliche Handlungskorsett in Personalfragen ist daher in Deutschland enger geschnürt als in anderen Industrienationen. Sie tun daher gut daran, sich im kollektiven und individuellen Arbeitsrecht zumindest so weit einen Überblick zu verschaffen, dass Sie zwar nicht bei jedem einzelnen personellen Vorgang exakt wissen müssen, welche Mitwirkungsrechte Ihr Betriebsrat hat, dass Sie aber für dessen Mitwirkungsrechte sensibilisiert sind. Eine Verletzung dieser Mitwirkungsrechte kann nicht nur dazu führen, dass eine von Ihnen entschiedene personelle Maßnahme – eine Versetzung, Höhergruppierung oder Kündigung – unwirksam ist. U. U. können Sie oder Ihre Unternehmensleitung sogar zu einem Bußgeld verurteilt werden, z. B. bei nicht genehmigter Mehrarbeit.

> **Tipp:** Handeln Sie in Arbeitsrechtsfragen nie ohne Abstimmung mit Ihrem Personalressort. Überlassen Sie das Gespräch mit dem Betriebsrat im Zweifelsfalle den Fachleuten.

Sie vermeiden damit auch, dass die Unternehmensseite gegeneinander ausgespielt wird und Präzedenzfälle geschaffen werden.

> **Tipp:** Informieren Sie den Verhandlungspartner Ihres Betriebsrats (in der Regel das Personalressort) rechtzeitig über von Ihnen geplante Maßnahmen baulicher, organisatorischer, sozialer oder personeller Natur.

Die rechtzeitige Einbeziehung des Betriebsrats in Planungs- und Überlegungsprozesse hat nicht nur einen rechtlichen, sondern darüber hinaus auch einen psychologischen Aspekt. Wenn Ihr Betriebsrat das Gefühl hat, ernst und voll genommen zu werden, wird er Ihren Wünschen und Vorstellungen viel eher zustimmen. Sorgen Sie daher dafür, dass Ihr Betriebsrats-Verhandlungspartner von Ihnen rechtzeitig die Informationen erhält, die er für seine Gespräche mit dem Betriebsrat benötigt.

> **Tipp:** Denken Sie daran, dass solche Abstimmungsprozesse Zeit erfordern. Diesen Zeitfaktor müssen Sie bei Ihren Realisierungsüberlegungen berücksichtigen und einplanen.

Die Mitbestimmung des Betriebsrats bei Ihrer Führungsaufgabe begann im Übrigen – ohne dass Sie dies bemerkt haben – im Vorfeld Ihrer Ernennung. Sofern es sich bei Ihrer ersten Führungsposition nicht um eine leitende Tätigkeit im Sinne des § 5, Abs. 3 des Betriebsverfassungsgesetzes handelt, hatte der Betriebsrat bei der Besetzung Ihrer Position mitzubestimmen. D. h. konkret, dass ihm Ihre Personalunterlagen vorgelegen haben und er mit Ihrer Bestellung einverstanden sein musste.

Genau die gleiche Situation ist gegeben, wenn Sie einen neuen Mitarbeiter suchen, einstellen, versetzen, ihn höher gruppieren, weiterbilden oder ihm kündigen wollen. Bei diesen sog. personellen Einzelmaßnahmen hat der Betriebsrat zumindest ein sog. Zustimmungsverweigerungsrecht.

Darüber hinaus stehen Ihrem Betriebsrat vielfältige, in wirtschaftlichen und sozialen Angelegenheiten abgestufte kollektive Mitwirkungsrechte zur Verfügung, die vom Beratungs- über das Anhörungs- und Vetorecht bis zur echten Mitbestimmung reichen (Abb. 5). Was bedeuten diese Mitwirkungsrechte des Betriebsrats in Ihrer täglichen Führungspraxis? Soweit es sich um Kollektivrechte handelt (z. B. Grundsätze der Personalplanung, Aufstellung eines Sozialplans oder die Aufstellung von Entlohnungsgrundsätzen), ist Ihre direkte Ein- und Mitwirkung nicht gefragt. Solche Verhandlungen und Gespräche führt in aller Regel Ihre Unternehmensleitung selbst oder in deren Auftrag das Personalressort. Sofern es sich

§ 95 I, II	Auswahlrichtlinien (Über 1000 Arbeitnehmer)	
§ 112	Sozialplan bei Betriebsänderungen	
§ 85 II	Berechtigung von Beschwerden	
§ 87 I 12	Grundsätze des betrieblichen Vorschlagswesens	
§ 87 I 11	Festlegung von Akkord- und Prämiensätzen und anderer Leistungsentgelte	
§ 87 I 9	Zuweisung und Kündigung von Werkswohnungen	
§ 87 I 8	Form, Ausgestaltung und Verwaltung von Sozialeinrichtungen	Mitbestimmung
§ 87 I 7	Regelungen zur Verhütung von Arbeitsunfällen und Berufskrankheiten	
§ 87 I 6	Anwendungen von technischen Einrichtungen zur Leistungsüberwachung	
§ 87 I 5	Aufstellung von Urlaubsgrundsätzen und -plänen	
§ 87 I 3	vorübergehende Änderung der Arbeitszeit	
§ 98 I	Durchführung der Berufsbildung	
§ 87 I 10	betriebliche Lohngestaltung, insb. Aufstellung von Entlohnungsgrundsätzen	
§ 87 I 4	Auszahlungsmodalitäten der Arbeitsentgelte	
§ 87 I 2	Beginn und Ende der täglichen Arbeitszeit	
§ 87 I 1	Fragen der Ordnung des Betriebs; insb. Arbeitnehmerverhalten	
§ 113 II	Nachteilsausgleich bei Arbeitsplatz- und Ablaufänderungen	
§ 93	Innerbetriebliche Stellenausschreibungen	Erzwingbare Initiative
§ 98 II	Bestellung bzw. Abberufung von Ausbildern	
§ 98 III, IV	Auswahl von Teilnehmern an Berufsbildungsmaßnahmen	
§ 104	Entlassung bzw. Versetzung betriebsstörender Arbeitnehmer	
§ 94 I, II	Personalfragebögen, Beurteilungsgrundsätze	Zustimmung
§ 95 I	Auswahlrichtlinien (unter 1000 Arbeitnehmer)	
§ 103	außerordentliche Kündigung von Mitgliedern betriebl. Organe	
§ 99 II	Einstellungen, Ein- und Umgruppierungen, Versetzungen	Zustimmungsverweigerung (Veto)
§ 102 II	ordentliche Kündigungen	
§ 112 II	Interessenausgleich bei Betriebsänderungen	
§§ 96, 97	Konzeption von Berufsbildungsmaßnahmen	Beratung
§ 92 I	geplante Personalmaßnahmen	
§ 90	Planung v. Bauten, techn. Anlagen etc.	
§ 106	wirt. Angelegenheiten (über Wirtschaftsausschuss)	
§ 89	Arbeitsschutz	
§ 102	außerordentliche Kündigung	Anhörung
§ 92 I	Personalbedarfsplanung	Information
§ 105	pers. Veränderung bei ltd. Angestellten	

Abb. 5: Mitwirkungsrechte des Betriebsrats (Quelle: Macharzina (2003), S. 116)

aber um Maßnahmen handelt, von denen Ihre Mitarbeiter als Einzelperson betroffen sind, müssen Sie aktiv werden. Hinweise zu einigen wichtigen arbeitsrechtlich relevanten Vorgängen finden Sie – wie schon angekündigt – in Kapitel 16.

Episoden aus dem Führungsalltag

Mitbestimmung und Betriebsrat gehen nicht immer ohne Spannungen ab. Nicht zuletzt auf Betriebsversammlungen gibt es mitunter auch einen heftigen Schlagabtausch, der nicht unbedingt mit dem Säbel ausgefochten wird, sondern mit dem Florett. So war in diesem Beispiel einer der Betriebsräte dafür bekannt (und gefürchtet), dass er mit seinen ironisch-bissigen Beiträgen die Lacher oft auf seiner Seite hatte. Auf einer Betriebsversammlung begrüßte er die anwesenden Vorstandsmitglieder ironisch mit „Mein lieber Vorstand", um anschließend heftige Angriffe zu starten. Eines der anwesenden Vorstandsmitglieder musste darauf natürlich antworten. Er tat dies einleitend mit folgender Geschichte: Ende des vorletzten Jahrhunderts wurde ein Bürger wegen Beleidigung eines Ratsherren zu einem Tag strengen Arrest verurteilt. Er hatte diesen mit „Liebes Rindvieh . . ." angeredet. Der Verurteilte fragte den Amtsrichter, ob er noch eine Frage stellen dürfe, was dieser bejahte. Er fragte daraufhin den Amtsrichter: „Ist es strafbar, einen Ratsherr ein Rindvieh zu nennen?" – Der Amtsrichter bejahte dies. Der Verurteilte fragte daraufhin weiter: „Ist es strafbar, ein Rindvieh als Herr Ratsherr anzureden?" Der Amtsrichter verneinte dies. Darauf der Verurteilte: „Auf Wiedersehen, Herr Ratsherr!"

Die Betriebsversammlung war für den Vorstand positiv gelaufen. P. S. Der Betriebsrat hieß zufälligerweise auch noch Raffel.

Kapitel 14. Personalführung: eine Daueraufgabe

> Alles Gescheite ist schon gedacht worden,
> man muss nur versuchen, es noch einmal zu denken.
> (Goethe)

Personal führen ist ein permanenter Prozess, er hört daher nie auf. Wie vieles, was zur Gewohnheit wird, läuft auch die Personalführung Gefahr, Routine zu werden. Vergrößert wird diese Gefahr dadurch, dass auch Sie als Führungskraft Ihre Fachaufgaben haben und von diesen beinahe voll mit Beschlag belegt werden. Sie haben einfach keine Zeit, sich um Ihre Mitarbeiter zu kümmern und sich gedanklich mit Ihrem eigenen Führungsverhalten zu befassen. Sie bestätigen zwar ohne zu zögern, dass auch Sie in der in Führungsfragen investierten Zeit eine lohnende Investition sehen, fahren aber dann fort: „Ja, aber..."

Personal führen heißt denken! Denken Sie daran nicht nur einmal im Jahr. Denken tut nicht weh, sondern schult den Geist. Die Autoren wollen Sie dabei mit einigen Empfehlungen für Ihr persönliches Führungsverhalten unterstützen.

Vor allem die folgenden drei Grundsätze sollten Sie sich immer wieder bewusst machen:

Tipps:
- Als Führungskraft brauchen Sie im Grunde genommen nur eine Fähigkeit: die Fähigkeit, ihr Führungsverhalten der jeweiligen Situation (d. h., der Sache und der Person) anzupassen.
- Führung ist eine Summe von Selbstverständlichkeiten – und keine Kunst. Der geborene Führer macht intuitiv das Richtige, der Normalmensch macht oft das Richtige, aber nicht immer.
- Sie brauchen Mut und Zivilcourage.

Persönliche Führungsempfehlungen

Tipp: Sprechen Sie ruhig aus, dass Sie auch ein Mensch nicht nur mit Stärken, sondern auch mit Schwächen sind.

Den Übervater nimmt Ihnen sowieso kaum ein Mitarbeiter ab. Wenn Sie es aber sagen und bekennen, dass Sie sich auch nicht selbstverständlich jeder Situation gewachsen fühlen, dann werden Sie glaubhafter. Ihr Selbstbewusstsein und Ihre Autorität werden darunter nicht leiden – im Gegenteil.

Tipp: Erkundigen Sie sich nach dem persönlichen Umfeld Ihrer Mitarbeiter.

Eine berufliche Tätigkeit ist nicht nur ein Mittel zum Geld verdienen und zur Sicherung des Lebensstandards. Jeder Mitarbeiter sucht auch Befriedigung in seiner Arbeit; hierzu gehört auch persönliche Anerkennung, die dann als positiv empfunden wird, wenn Sie als Führungskraft hinter dem Leistungsträger auch den Menschen wahrnehmen.

Tipp: Nehmen Sie einen konkreten Anlass (nicht nur zur obligaten Weihnachtsfeier), um Ihren Mitarbeitern auch mal etwas zu spendieren und dabei mit ihnen auch eine Stunde zusammenzusitzen.

Überall dort, wo Menschen zusammenleben und zusammenarbeiten, treten gruppendynamische Prozesse auf. Ein Wir-Gefühl stärkt nicht nur den Zusammenhalt, sondern auch die Bereitschaft, gemeinsam ein Ziel zu erreichen. Denken Sie dabei an die frühere Empfehlung: Ressortdenken ja, Ressortegoismus nein.

Tipp: Seien Sie ruhig auch ein Kavalier.

Es mag im Zeitalter der Lässigkeit zwar altmodisch klingen, eine solche Empfehlung auszusprechen. Aber: Höflichkeit und Zuvorkommenheit werden auch heute noch positiv zur Kenntnis genommen. Sie wollen schließlich eine Persönlichkeit sein. Dazu gehört auch, dass Sie den Anderen respektieren und ihm dies auch zeigen.

> **Tipp:** Gehen Sie hin und wieder zusammen mit Ihren Mitarbeitern mittags in die Kantine oder setzen Sie sich zu einer Kaffeerunde.

Sie erfahren bei dieser Gelegenheit manches, was Ihnen die Handlungsweise oder bestimmte Reaktionen Ihrer Mitarbeiter verständlicher macht. Einen Mitarbeiter in einer anderen Umgebung zu sehen heißt, neue Aspekte der Beurteilung kennen zu lernen. Und außerdem: Ihre Mitarbeiter zeigen sich auch gern einmal zusammen mit ihrem Chef; es erhört ihren Imagewert – und es stärkt das bereits angesprochene Wir-Denken.

> **Tipp:** Reden Sie Ihre Gesprächspartner mit ihrem Namen an.

Es gibt Menschen – und auch Führungskräfte sind Menschen – mit einem schlechten Namensgedächtnis. Dieses ist jedoch schulungsfähig. Beobachten Sie einmal selbst, wie jemand positiv, vielfach sogar erfreut reagiert, wenn Sie ihn bereits im ersten Gespräch mit seinem Namen ansprechen. Sie gewinnen dadurch sehr viel Sympathien, weil Ihr Gesprächspartner den Eindruck hat, dass er Ihnen wichtig ist, dass Sie ihn „für voll nehmen".

> **Tipp:** Denken Sie daran, Ihren Mitarbeitern auch zum Geburtstag zu gratulieren oder sich nach ihrer privaten Situation zu erkundigen.

Natürlich ist nicht jeder Mitarbeiter gleich, und nicht jeder möchte über seine privaten Dinge sprechen. Mancher verbittet sich sogar eine solche Frage und empfindet sie als eine Einmischung in seine Persönlichkeitssphäre. Dieser Mitarbeiter ist jedoch eher die Ausnahme. Das Gefühl, dass eine solche über das rein Geschäftliche hinausgehende Frage einem Interesse an der Person des Mitarbeiters entspringt und dieser damit nicht nur als Aufgabenträger gesehen wird, fördert ebenfalls die Zusammenarbeit und das „Wir"-Gefühl.

> **Tipp:** Trauen Sie Ihren Mitarbeitern auch etwas zu.

Es gibt von Haus aus sehr misstrauische Menschen. Diese neigen nicht nur dazu, viel selbst machen, sondern vor allem unnötig viel zu kontrollieren. Sie führen den Mitarbeiter an der kurzen Leine. Der positive Typ dieser Spezies Führungskraft ist allerdings bereit, seinem Mitarbeiter sehr viele Freiheiten einzuräumen, wenn er sich einmal davon überzeugt hat, dass auf diesen Verlass ist. Die Zuverlässigkeit eines Mitarbeiters können Sie aber auch testen, wenn Sie ihn „an der langen Leine führen".

> **Tipp:** Wer arbeitet, macht auch Fehler. Gestehen Sie dies nicht nur sich selbst, sondern auch Ihren Mitarbeitern zu. Geben Sie aber auch eigene Fehler zu.

Es ist eine weit verbreitete menschliche Untugend, zu glauben, dass nur Mitarbeiter (und/oder die eigenen Vorgesetzten!) Fehler machen. Fehler zuzugeben erfordert zwar nicht wenig Selbstbewusstsein – es macht Sie aber nicht nur menschlich, sondern vor allem auch glaubwürdig.

> **Tipp:** Es ist ein Irrtum, zu glauben, Menschlichkeit sei eine Schwäche. Sie kann zwar aus Schwäche entstehen, nicht aber bei Souveränität.

Menschlichkeit und geschäftlich notwendige Härte schließen sich aus – diese weit verbreitete Meinung stimmt nicht. Sachliche Entscheidungen können mitunter auch für Mitarbeiter hart sein, denken wir nur an Mitarbeiterkündigungen bei schlechter Beschäftigungslage. Eine solche Kündigung kann für einen anderen Mitarbeiter die Sicherheit von dessen Arbeitsplatz bedeuten – und damit im allgemeinen Sprachgebrauch für diesen auch „menschlich" sein: Ein Arzt, der seinem Patienten ein Bein abnehmen muss, um dessen Überleben zu sichern, ist zwar hart, aber trotzdem menschlich. Was heißt das für Sie als Führungskraft? Bleiben Sie auch bei unumgänglichen Entscheidungen konsequent. Überlegen Sie aber vor einer solchen Entscheidung, ob es Alternativen gibt, die für die Mitarbeiter weniger schmerzhaft sind. Und unabhängig von Ihrer Entscheidung: Denken Sie immer an das WIE.

> **Tipp:** Beschäftigen Sie sich auch mit sich selbst? Hinterfragen Sie Ihre eigenen Reaktionen?

Die meisten von uns sind Autofahrer und regen uns über das Fahrverhalten anderer Verkehrsteilnehmer mitunter heftig auf. Ist es Ihnen nicht auch schon passiert, dass Sie einen vor Ihnen dahinschleichenden Langsamfahrer mit Lichthupe und inneren Flüchen attackierten? Haben Sie sich in einer solchen Situation schon einmal gefragt, was derselbe gerade über Sie denkt? Er hat sicher (zumindest meist) seine Gründe, warum er sich gerade jetzt so und nicht anders verhält.

> **Tipp:** Sagen Sie bei Vorschlägen Ihrer Mitarbeiter nicht immer gleich „Ja, aber...". Auch wenn Sie von der Undurchführbarkeit überzeugt sind – lassen Sie es den Mitarbeiter selbst erkennen.

Insbesondere jüngere Mitarbeiter mit weniger Erfahrung als Sie haben oft kreative Ideen. Diese Kreativität zu bremsen ist unklug – irgendwann kommen keine Ideen mehr. Fragen Sie Ihre Mitarbeiter besser, ob sie diesen oder jenen Aspekt überlegt haben. Selbst erkennen lassen, dass ein Weg nicht begehbar ist, gehört zur Erfahrungsbildung. Aber auch hier keine Regel ohne Ausnahme: Wenn die Aufgabe drängt oder der vorgeschlagene Umweg sehr teuer würde, müssen Sie – aber wohlbegründet – über die Vorgehensweise entscheiden.

> **Tipp:** Lassen Sie Ihre Mitarbeiter und Besucher nie merken, dass Sie ungeduldig sind, weil Sie keine Zeit haben.

Mitunter werden Sie von Ihrem Tagesgeschäft beinahe aufgefressen. Sie sind meist nicht eigener Herr über Ihre Zeit, Termine werden Ihnen vorgeschrieben. Wenn in einer solchen Phase ein Mitarbeiter zu Ihnen kommt, weil er mit einem Problem nicht fertig wird, dann braucht er Ihre Unterstützung. Geben Sie ihm diese. Wenn es aus zeitlichen Gründen wirklich im Moment nicht sein kann, dann sagen Sie ihm warum, schieben Sie aber den Rücksprachetermin nicht auf die lange Bank.

> **Tipp:** Stellen Sie sich bei einer berechtigten Kritik von außen vor Ihre Mitarbeiter. Kritisieren können Sie dieselben im Innenverhältnis.

Verantwortung lässt sich nur bedingt delegieren. Diese Feststellung sollten Sie sich auch ins Gedächtnis rufen, wenn Ihr Bereich kritisiert wird. Auch wenn Sie nicht persönlich für einen Fehler „verantwortlich" sind, haben Sie die Gesamtverantwortung. Aus dieser Gesamtverantwortung können Sie sich nicht dadurch entlassen, dass Sie bemerken: „Diesen Fehler hat Herr X gemacht." Das interne Kritikgespräch mit Ihrem Mitarbeiter muss aber folgen.

> **Tipp:** Wenn Sie an sich selbst zweifeln – und zwar bei jeder Handlung oder Entscheidung –, ist dies genauso schlecht, wie wenn sie von Ihrer Unfehlbarkeit überzeugt sind und sich überhaupt keine Gedanken machen über die Reaktion Ihrer Mitarbeiter.

Im ersten Fall gibt es sicher weitere Anzeichen dafür, dass Sie Ihrer Führungsaufgabe nicht ganz gewachsen sind. Es gibt viel zu viele Führungskräfte, die in eine Führungsfunktion gekommen sind, obwohl sie einer solchen nicht oder nur bedingt gewachsen sind. Wer hat schon den Mut, eine angebotene Führungsaufgabe abzulehnen, weil er sich dieselbe nicht zutraut? Die Folge(n): Ihre Mitarbeiter merken dies sehr rasch, und Sie verlieren Ihre Souveränität. Nicht selten kann es aber passieren, dass die Führungskraft selbst krank wird. Haben Sie den Mut, und ziehen Sie von sich aus die Konsequenzen, wenn dies bei Ihnen der Fall sein sollte.

> **Tipps:**
> - Sofern Sie unfehlbar sind oder sich für unfehlbar halten: Auch Sie werden Fehler machen. Und diese Fehler werden Ihnen nur so lange verziehen, als Sie erfolgreich sind.
> - Sprechen Sie vom „Mitarbeiter" und nicht vom Untergebenen oder Betriebsangehörigen.

Es ist erstaunlich, festzustellen, dass auch Unternehmen mit einer modernen Unternehmenskultur und modernen Führungsgrundsätzen mit antiquierten Begriffen arbeiten. Ob es sich dabei um den

mehr arbeitsrechtlichen Begriff des Arbeitnehmers, des Werksange-
hörigen, des Betriebsangehörigen, des Belegschaftsmitglieds oder
des Untergebenen – oder in der anonymen Mehrzahl um das Personal – handelt, diese Begriffe sind von gestern. Wenn Sie einen Mitarbeiter als Mitarbeiter anerkennen, dann nennen Sie ihn auch so.

> **Tipp:** Akzeptieren Sie, dass Vorschläge Ihrer Mitarbeiter auch besser sein
> können als Ihre eigenen.

Falls Sie sich selbst für den besten Fachmann halten, sollten Sie
lieber in der Fachlaufbahn als in der Führungslaufbahn Verantwortung übernehmen. Falls Sie fachlich allen Ihren Mitarbeitern überlegen wären, wäre dies nicht normal. Deshalb: Wenn Ihre Mitarbeiter mit guten oder besseren Vorschlägen kommen, dann akzeptieren
Sie diese. Auch in diesem Fall können Sie Ihre Souveränität nur verlieren, wenn Sie keine haben.

> **Tipp:** Nutzen Sie fachliche Gespräche mit Ihren Mitarbeitern, um auch de-
> ren Persönlichkeit kennen zu lernen, persönliche Erwartungen zu analy-
> sieren und Wertungen zu erfahren.

Die menschliche Person ist nur analytisch in einen fachlichen und
einen persönlichen Teil trennbar. In Wirklichkeit bedingen sich beide Komponenten wechselseitig. Je mehr Sie den persönlichen Teil
kennen, desto verständlicher werden Ihnen bestimmte Handlungs-
weisen oder Meinungen. Nutzen Sie dieses Wissen, um über die persönliche Schiene den Aspekt des Wollens zu verstärken. Dies hat
nichts mit Manipulation, aber mit Motivation zu tun.

> **Tipp:** Regeln Sie nicht alles bis ins Detail, und erledigen Sie nicht alles
> selbst.

Ein solches Verhalten verunsichert, verweigert dem Mitarbeiter
ein Erfolgserlebnis und senkt seine Leistungsbereitschaft.

> **Tipp:** Unterlaufen Sie Ihre Mitarbeiter nicht durch einsame Entscheidun-
> gen.

Nichts ist für einen Mitarbeiter frustrierender, als wenn er sich voll für seine Aufgabe eingesetzt hat, Ihnen u. U. mit Stolz die Ergebnisse präsentiert, Sie dieselben kommentarlos zur Kenntnis nehmen und dann im stillen Kämmerlein eine ganz andere Entscheidung fällen, ohne diese wiederum zu begründen.

> **Tipp:** Handle ich so, wie ich es an anderen kritisiere? Habe ich vorgenommen, mich zu ändern? Denke ich beim zweiten Mal noch an dieses Vorhaben?

Eines der größten Hemmnisse, sein eigenes Verhalten zu verbessern, ist das nicht auf sich selbst reflektieren. Es ist erstaunlich, wie oft gerade solche Menschen, die beispielsweise an einem Anderen dessen Unpünktlichkeit kritisieren, selbst unpünktlich sind. Sie merken es selbst nicht, und niemand traut sich, Ihnen dies zu sagen. Deshalb: Nur wenn Sie sich selbst hinterfragen, können Sie solche negativen Seiten ablegen.

> **Tipp:** Vergessen Sie nicht: Ein Führer ist gleichzeitig (an anderer Stelle) auch häufig ein Geführter. Sollte dies bei Ihnen zuhause auch so sein, dann lassen Sie Ihren Ärger darüber nicht an Ihren Mitarbeitern aus.

Schlechte Laune und eine Führungsaufgabe vertragen sich schlecht. Vorgänge im persönlichen oder familiären Bereich dürfen sich daher nicht auf das Berufsleben auswirken. Falls Sie sich, was wir Ihnen nicht wünschen wollen, an einem Wochenende zuhause sehr geärgert haben, dann legen Sie diesen Ärger spätestens beim Betreten Ihres Büros ab. Ihre Mitarbeiter können für Ihren persönlichen Ärger wirklich nichts.

> **Tipp:** Zum Führen gehört Intelligenz. Nicht minder wichtig ist jedoch die Klugheit.

Kennen Sie nicht auch Menschen, denen man nachsagt, sie würden mit dem Hintern die Dinge wieder einreißen, die sie mit den Händen aufgebaut haben? Meist merken es diese gar nicht und wenn, dann fragen sie wiederum nicht nach dem Warum. Die Intelligenz hat das Werk geschaffen, die fehlende Klugheit hat das Werk wieder eingerissen. Deshalb: Wenn Sie intelligent sind und denken können, dann fragen Sie sich hin und wieder, ob Sie auch klug handeln und entscheiden!

> **Tipp:** Und ganz zum Schluss noch eine Wiederholung: Wer Macht hat und diese missbraucht, handelt schlecht. Wer Macht hat und diese nicht gebraucht, handelt nicht besser.[1]

---

1 Übrigens: Personalführung ist einer der wenigen Bereiche des Personalwesens, die mitbestimmungsfrei sind!

Teil III. Rahmenbedingungen der Personalführung

Kapitel 15. Praxisbeispiele: Führungsgrundsätze

Führungsgrundsätze allein bewirken wenig; sie bedürfen steter situationsgerechter Anwendung. Ohne Führungsgrundsätze ist eine effektive Personalführung aber ebenso wenig denkbar. Sie stellen ein Ziel dar und zeigen den Weg auf zu diesem Ziel. Wenn ich weder das Ziel noch den Weg kenne, weiß ich nicht, ob ich richtig handle. Deshalb sind Führungsgrundsätze nicht nur angenehm oder nützlich, sondern notwendig.

Die Idee der kooperativen Führung entstand als Reaktion auf die überkommenen, als überholt eingestuften, auf Befehl und Gehorsam aufgebauten Führungsformen. In dem Überschwang, der solche Ideen üblicherweise begleitet, ist oft nicht bedacht worden, dass mit der bloßen Herausgabe von Leitlinien für die Führung und Zusammenarbeit nichts gewonnen ist. Lässt man es bei der Herausgabe bewenden, so wäre es besser, ganz auf formulierte Führungsgrundsätze zu verzichten. Entscheidend ist deren Umsetzung in die Führungspraxis. Die Führungsprinzipien müssen gelebt werden.

Wenn wir aber Mitarbeiter und Führungskräfte danach fragen, welchen Einfluss Führungsgrundsätze auf die Führungspraxis in ihrem Betrieb haben, erhalten wir nicht selten enttäuschende Antworten. Eine realistische Einschätzung kommt an der Erkenntnis nicht vorbei, dass formulierte Führungsgrundsätze in vielen Fällen nur auf dem Papier stehen, in der Praxis also nicht angewandt werden. Mancher Mitarbeiter kleidet es in die Worte: „Ich finde die Führungsleitlinien ja gut, aber mein Chef verstößt jeden Tag dagegen."

Führungsgrundsätze können stets nur allgemeine Prinzipien sein, also einen Handlungsrahmen vorgeben, innerhalb dessen sich jeder seiner Persönlichkeit entsprechend einen eigenen Führungsstil schaffen muss. Führungsleitlinien sind also keine Rezeptsammlung, der man bei Bedarf und nach Belieben Einzelfalllösungen entnehmen könnte.

Wenn wir Ihnen in dem folgenden Kapitel Beispiele von Führungsgrundsätzen vorstellen, die in für ihre jeweilige Personalführung modern geltenden Unternehmen entwickelt wurden, dann tun wir dies nicht mit der Aufforderung, diese abzuschreiben. Wir wollen Sie vielmehr durch die Aneinanderreihung guter Beispiele in unterschiedlicher Sprache sensibilisieren, Ihrer eigenen Personalführung Denkanstöße und Impulse zu geben.

Wenn Sie Teil I des vorliegenden Buches aufmerksam gelesen haben, werden Sie im Übrigen selbst zu der Erkenntnis kommen, dass nicht alle dargestellten Beispiele gleich gut und gleich nachahmenswert sind.

Praxisbeispiel 1, Metallindustrie

Zehn Thesen zur Führung

(1) Versetzen Sie sich in die Lage Ihres Mitarbeiters. Überlegen Sie, wie Sie selbst Inhalt und Form einer Entscheidung oder Weisung aufnehmen, welche Begründung Sie selbst erwarten würden. Mitarbeiter reagieren nicht anders als Vorgesetzte. Die eigene Reaktion kann daher Maßstab sein für die der Mitarbeiter.

(2) Arbeiten Sie neue Mitarbeiter gut ein. Vertraut sein mit Arbeitsaufgabe und -umwelt ist Voraussetzung für optimale Leistung. Nicht zufriedenstellende Leistung ist nicht immer eine Folge fehlender Qualifikation; sie kann auch auf mangelhafte Einarbeit zurückzuführen sein.

(3) Sehen Sie zuerst die Stärken und dann erst die Schwächen Ihrer Mitarbeiter. Mitarbeiter mit nur starken Seiten gibt es nicht; Schwächen können durch Hinweise und Anleitung weitgehend ausgeglichen werden.

(4) Geben Sie Ihren Mitarbeitern alle Informationen, die sie für ihre Arbeit benötigen. Vergessen Sie aber auch nicht die „Umfeldinformationen", die sachlich nicht notwendig erscheinen mögen, subjektiv aber wichtig sind. Sachinformationen sind eine Selbstverständlichkeit. Informationen, die die betrieblichen Zusammenhänge aufzeigen, stärken die Identifizierung mit dem Unternehmen und erhöhen die Arbeitszufriedenheit.

(5) Vertrauen Sie der Leistungsbereitschaft und Leistungsfähigkeit Ihrer Mitarbeiter; geben Sie ihnen genügend Freiraum für ihre Arbeit. Ihre Mitarbeiter haben in der Regel eine positive Grundeinstellung zu ihrer Tätigkeit – wie Sie selbst auch. Freiraum schafft Selbstvertrauen, Verantwortungsbereitschaft und Vertrauen zur Führung.

(6) Beteiligen Sie Ihre Mitarbeiter an der Vorbereitung von Entscheidungen. Ihre Mitarbeiter sind bereit mitzudenken. Einbeziehen in die Entschei-

dungsvorbereitung fördert Anregungen und Vorschläge; das geistige Potential Ihrer Mitarbeiter wird genutzt.

(7) Urteilen Sie gerecht und so objektiv wie möglich. Ein Vorgesetzter, der ungerecht urteilt, untergräbt seine Autorität; solche Urteile wirken gleichzeitig demotivierend. Ihre Mitarbeiter haben dafür ein feines Empfinden.

(8) Vergewissern Sie sich, ob Ihre Entscheidungen und Weisungen auch ausgeführt werden; vermeiden Sie dabei den Eindruck von Misstrauen. Sie können Aufgaben und die für ihre Durchführung erforderlichen Kompetenzen delegieren – für den Erfolg Ihres Bereichs sind jedoch Sie gegenüber Ihrem Vorgesetzten verantwortlich.

(9) Fördern Sie Ihre Mitarbeiter. Kein geeigneter Mitarbeiter darf zurückgehalten werden, wenn er an anderer Stelle des Unternehmens beruflich weiterkommen kann.

(10) Vergessen Sie nicht, dass persönliche Anerkennung zur Selbstbestätigung Ihrer Mitarbeiter beiträgt. Berufliche Tätigkeit ist nicht nur ein Mittel zum Geldverdienen und damit zur Sicherung des Lebensstandards. Jeder Mitarbeiter sucht Befriedigung in seiner Arbeit; Lob und konstruktive Kritik tragen dazu bei.

Praxisbeispiel 2, Chemische Industrie

Leitlinien für Führung und Zusammenarbeit

(1) Vertrauensvoll miteinander umgehen. Vertrauen ist eine unerlässliche Voraussetzung für erfolgreiche und persönlich befriedigende Zusammenarbeit. Nur wer positiv über den Anderen denkt und ihm die Lösung der Aufgabe auch zutraut, weckt in ihm den Willen zur Leistung und zur Verantwortung. Vertrauen setzt voraus, dass alle Mitarbeiter die für das Unternehmen verbindlichen Verhaltensregeln beachten und im Sinne des Gesamtunternehmens handeln.

(2) Entscheidungen dort treffen, wo die beste Kompetenz vorhanden ist. Jeder Mitarbeiter muss wissen, welche Aufgaben und welche Verantwortlichkeiten er hat und was er entscheiden kann. Entscheidungen sollen dort getroffen werden, wo die entsprechende Sachkompetenz und der notwendige Überblick vorliegen. Der für eine Entscheidung Verantwortliche muss den bei . . . weltweit verfügbaren und, sofern notwendig, auch externen Sachverstand nutzen. Er darf seine Entscheidungen nicht unzulässig verzögern. Damit stellt . . . sicher, dass Entscheidungen zügig und mit höchstmöglicher Kompetenz gefällt werden.

(3) Ergebnisorientiert arbeiten und führen. Vorgesetzte und Mitarbeiter entwickeln gemeinsam Ziele, die eine Herausforderung darstellen. Der Einzelne soll eine persönliche Vorstellung davon entwickeln, wie die Ziele am besten zu erreichen sind. Sofern es von der Sache her notwendig ist, wird die Umsetzung abgestimmt. Eine angemessene Kontrolle erstreckt sich auf die Erreichung der Ziele insgesamt, auf wichtige Zwischenergebnisse auf dem Weg dorthin und auf die Einhaltung der relevanten Regeln. Kontrolle soll Hilfestellung zur effizienten Zielerreichung sein. Was der Einzelne und das Team tatsächlich geleistet haben und was dieser Beitrag für ... bedeutet, wird im Gespräch zwischen Vorgesetztem und Mitarbeiter regelmäßig bewertet.

(4) Die Leistung des Anderen sorgfältig beurteilen. Die Leistungen eines Mitarbeiters, auch seine Führungsleistung, müssen sorgfältig im Dialog beurteilt werden. Nur so lässt sich erkennen, was seiner weiteren Entwicklung förderlich ist. Auch kritische Mitarbeitergespräche werden so geführt, dass der Mitarbeiter sich respektiert fühlt. Er soll nicht nur erfahren, wo seine Stärken liegen, sondern hat auch das Recht, Hinweise auf seine Schwächen zu erhalten. Gute Leistungen werden durch Lob und Anerkennung gewürdigt. Der Vorgesetzte soll aufgeschlossen dafür sein, sich seinerseits von seinen Mitarbeitern beurteilen zu lassen.

(5) Offen miteinander reden. Wer erfolgreich mit Anderen zusammenarbeiten will, spricht mit ihnen offen, direkt und sachbezogen. Er überwindet durch eine offene Sprache die mögliche Distanz zu Mitarbeitern, Vorgesetzten und zu Kollegen der verschiedenen Fachbereiche. Notwendige Aussprachen vertragen keinen Aufschub.

(6) Dem Anderen Informationen aktiv geben und nicht vorenthalten. Zur richtigen Wahrnehmung seiner Aufgaben ist jeder auf Informationen durch den Anderen angewiesen. Deshalb ist es unverzichtbar, die richtigen Informationen in angemessenem Umfang schnell weiterzugeben und auszutauschen. Wer diesen Austausch aktiv und ständig betreibt, gewinnt dabei nicht nur persönliche Erfahrung, er verbessert zugleich die Effizienz des Unternehmens.

(7) Bei einem Konflikt Gefühle nicht unter Argumenten begraben. Wo Individuen zusammenarbeiten, entstehen auch Konflikte. Ursachen sind häufig unterschiedliche Interessen, oft auch Emotionen, Meinungen oder Vorurteile. Die Ursachen von Konflikten müssen deutlich angesprochen werden. Wenn den Beteiligten die Ursachen ihres Konfliktes bewusst werden, findet sich leichter ein gemeinsamer Weg zu einer sachlichen Lösung.

(8) Die Unterschiede der Meinungen, Argumente und Kulturen nutzen. Die Vielfalt im Denken, Fühlen und Wahrnehmen aller Mitarbeiter unseres internationalen Unternehmens bietet eine wertvolle Chance, Einseitigkeit und Vereinfachung zu vermeiden. Unterschiedliche Sichtweisen, die

sich z. B. aus verschiedenen Kulturen und aus unterschiedlichen fachlichen oder persönlichen Standpunkten ergeben, werden deshalb für Lösungsansätze und die Entscheidungsfindung genutzt.

(9) Sich für neue Ideen einsetzen. Neue Ideen und verbesserte Problemlösungen sowie die Schnelligkeit, mit der sie verwirklicht werden, sind Voraussetzungen für den Erfolg im Wettbewerb. Deshalb sind von jedem die Bereitschaft und der Mut gefordert, sich für neue Ideen und geänderte Abläufe bei ... einzusetzen und Hindernisse wegzuräumen. Dabei auftretende Fehler müssen offen angesprochen werden mit dem Ziel, dass alle Beteiligten daraus lernen können.

(10) Eignung bestimmt die Übertragung von Aufgaben. Um im Wettbewerb erfolgreich zu sein, muss ... für die jeweilige Aufgabe die Mitarbeiter mit den besten Fähigkeiten und der entsprechenden Eignung einsetzen. Sie allein sind bestimmend für die Übertragung von Aufgaben und Positionen und sichern zugleich Chancengleichheit.

(11) Sich partnerschaftlich aufeinander einstellen. Erfolgreiches Zusammenwirken in der ... – Gruppe beruht auf der Fähigkeit, miteinander partnerschaftlich umzugehen und in Teams zu arbeiten. Wir wollen in unseren internen Arbeitsbeziehungen jeden wie einen Kunden behandeln. Wir erbringen die Leistung in der erwarteten Qualität sowie mit einem optimalen Service. Bei Unzufriedenheit wird umgehend nach der Ursache gesucht und diese nachhaltig beseitigt.

(12) Sich zur Führung verpflichtet fühlen. Alle tragen gleichermaßen Verantwortung für Klima, Zusammenarbeit und Führung im Unternehmen. Dabei fällt Führungskräften eine besondere Verantwortung bei der Vermittlung von Visionen und Werten sowie bei der Steuerung des Zielvereinbarungs- und des Führungsprozesses zu. Die Mitarbeiter haben einen Anspruch darauf, von ihren Führungskräften angeleitet und unterstützt zu werden. Führen heißt Vorbild sein.

Praxisbeispiel 3, Elektronikindustrie

Unsere Grundlagen partnerschaftlicher Zusammenarbeit: Durch partnerschaftlichen Umgang miteinander wollen wir die Gleichwertigkeit aller Menschen in unserem Unternehmen mit eindeutigen Führungs- und Entscheidungsstrukturen verbinden.

● Unser Umgang miteinander ist geprägt durch Offenheit, Ehrlichkeit, gegenseitige Wertschätzung und Vertrauen.

● Als weltweit tätiges Unternehmen praktizieren wir Toleranz für nationale, funktionale und persönliche Individualität. Frauen und Männer haben bei uns die gleichen Chancen.

- Zu unserer Innovationskraft gehört eine hohe Bereitschaft aller zu Veränderungen, die wir als Herausforderung und Chance betrachten.
- Wir stellen hohe Anforderungen an uns alle und fördern Fachkompetenz, Selbstständigkeit und konstruktive Kritik.
- Jeder Mitarbeiter hat das Recht auf umfassende Information und Kommunikation. Wir verstehen Information als Hol- und Bringpflicht.
- Wir verpflichten uns zu klaren und zügigen Entscheidungen unter Einbeziehung der Betroffenen und vermeiden Rückdelegation.
- Wir nützen die Vorteile und Kreativität der Teamarbeit zur Entscheidungsfindung.
- Alle Führungskräfte sind sich ihrer Vorbildfunktion bewusst, sie helfen und sorgen dafür, dass die Dinge geschehen.
- Wir vereinbaren Ziele mit jedem Mitarbeiter, stellen die dafür notwendigen Mittel zur Verfügung, definieren Verantwortlichkeiten, Zuständigkeiten, Aufgaben und Termine. Der Mitarbeiter informiert bei Abweichungen, der Vorgesetzte überprüft sporadisch.
- Wir bekennen uns offen zu unseren Fehlern und lernen daraus.
- In unseren Mitarbeitergesprächen werden Verhalten, Leistungen und Entwicklungsmöglichkeiten besprochen, zur Entfaltung unserer Fähigkeiten im Rahmen einer längerfristigen Personalplanung.

Praxisbeispiel 4, Versicherungsbranche

- Jeder in unserem Unternehmen ist wichtig. Die Meinung und Person jedes Einzelnen wird akzeptiert. Jeder ist durch seine Tätigkeit in unser Unternehmen einbezogen, er denkt mit, er gestaltet mit, er wirkt mit. Jeder trägt seinen Teil an Verantwortung für unseren Erfolg.
- Vertrauen ist die Grundlage unserer gemeinsamen Arbeit. Wir wollen offen und ehrlich miteinander umgehen. Jeder soll jeden so behandeln, wie er selbst behandelt werden will. Vertrauen macht uns verlässlich nach innen und außen.
- Wir haben füreinander Verständnis. Durch unsere Aufgaben im Außen- und Innendienst sind wir miteinander verflochten. Unsere gemeinsamen Interessen können wir nur im Team verwirklichen. Dazu gehören Selbstkritik und Kompromissbereitschaft bei jedem Einzelnen. Teamfähigkeit fängt bei der Freundlichkeit und Fairness im Alltag an, d. h., wir reden miteinander und nicht übereinander.
- Wir stellen hohe Ansprüche an uns selbst. Unsere Arbeitsqualität ist ein Teil unserer Lebensqualität. Ansprüche an uns selbst sind fundiertes Fach- und Spezialwissen, Einsatz- und Lernbereitschaft, Kreativität und Flexibilität.

- Führen heißt: Vorbild geben. Führungskräfte geben insbesondere Beispiel für die Verwirklichung unserer Unternehmensleitlinien. Führungskräfte haben die Aufgabe, für klare und erreichbare Ziele, zukunftsweisende Konzepte und die Erfolgskontrolle zu sorgen. Jede/r MitarbeiterIn soll wissen, wie sein/ihr Beitrag zum Unternehmenserfolg eingeschätzt wird. Unsere Führung wird begleitet von einer transparenten Personalpolitik.
- Wir verbessern Chancengleichheit. Wir sichern unseren MitarbeiterInnen gleiche Chancen für den beruflichen Erfolg und die persönliche Entwicklung zu. Für die Zukunft unseres Unternehmens betreiben wir eine intensive Nachwuchsförderung. Wir bieten qualifizierte Ausbildung und ermöglichen berufsbegleitende Fortbildung. Durch geeignete Weiterbildung sichern wir die berufliche Qualifikation unserer MitarbeiterInnen.
- Wir sorgen für lebenswerte Arbeitsbedingungen. Wir gestalten die Arbeitsplätze unserer MitarbeiterInnen lebenswert und zweckmäßig. Die Gesundheit unserer Mitarbeiter/Innen ist uns so wichtig, dass wir auf die Einhaltung gesetzlicher Normen kritisch achten und offen sind für neue Erkenntnisse. Unsere sozialen Leistungen sind gut und sollen zeitgemäß erhalten bleiben.

Praxisbeispiel 5, Chemische Industrie

Führungsleitlinien

Verhalten, Einstellung und Fähigkeiten der Manager in der ganzen Welt sind – wie in unseren Unternehmensgrundsätzen beschrieben – eine wichtige Grundlage für den Erfolg unseres Unternehmens.

Die Art, wie wir zusammenarbeiten, spiegelt sich in der Qualität unserer Arbeit wider.

Diese Leitlinien geben den Führungskräften aller Ebenen und den Mitarbeitern in der ganzen Welt einen Bezugsrahmen für das Führungsverhalten.

- Wir sind innovativ
- Wir passen uns kulturellen Unterschieden an
- Wir denken und handeln unternehmerisch
- Wir bauen auf Integration
- Wir stellen hohe Ansprüche
- Wir gehen pro-aktiv mit Konflikten um
- Wir sind kommunikativ
- Wir führen konsequent

Alle Führungsverpflichtungen sollen umgesetzt werden. Sie können von den Gesellschaften ergänzt werden, wenn kulturelle Besonderheiten oder ihre jeweilige Entwicklung dies erfordern.

Sie sollen für jeden von uns Richtschnur und Herausforderung sowohl in unser Tagesarbeit als auch in unserem Denken und Handeln für die Zukunft sein.

Deshalb verpflichten sich alle Manager, sich diesem Standard entsprechend zu verhalten und die Umsetzung und ständige Verbesserung der Führungsleitlinien zu betreiben.

- **Wir sind innovativ**
  - sind offen für neue Ideen und suchen nach neuen Möglichkeiten
  - sind darauf bedacht, neue Dinge zu lernen und zu tun
  - sind bereit, aus der eigenen und der Erfahrung anderer zu lernen
  - stellen das Bestehende in Frage
  - denken an das Unmögliche
  - regen Kreativität und Innovation anderer an
- **Wir passen uns kulturellen Unterschieden an**
  - respektieren die Gewohnheiten und den kulturellen Hintergrund Anderer
  - zeigen Interesse und Verständnis für andere Länder und Kulturen
  - sind fähig, mit internationalen Gruppen zu arbeiten
  - passen unser Verhalten unterschiedlichen kulturellen Umgebungen an
- **Wir denken und handeln unternehmerisch**
  - ergreifen Chancen
  - gehen mutig Risiken ein
  - denken und handeln vorausschauend
  - übernehmen Verantwortung, um Dinge voranzutreiben
  - sind leistungsorientiert und verpflichten uns, gewinnbringendes Wachstum zu erreichen
  - sind beharrlich im Entwickeln und Umsetzen von Ideen
  - erkennen die Notwendigkeit für Veränderungen und setzen entsprechende Veränderungsprozesse in Gang
  - lernen von Kunden, von Märkten und vom Wettbewerb
  - entwickeln und realisieren eine Zukunftsvorstellung für unseren Bereich
  - streben nach ständiger Verbesserung und nach Zufriedenheit unserer Kunden
- **Wir bauen auf Integration**
  - schauen auf das Ganze, anstatt nur auf einzelne Teile
  - erkennen und berücksichtigen Zusammenhänge zwischen den Bereichen
  - schaffen Vernetzungen, um die Zusammenarbeit zu verbessern und Synergien zu nutzen
  - zeigen aktives Interesse auch für Dinge außerhalb unserer eigentlichen Aufgaben

- sind aktiver Teil der internen Kette von Lieferanten und Kunden
- überdenken unsere eigene Rolle und zeigen ein der Situation angemessenes Verhalten
- können mit Situationen und Unsicherheit, Zielkonflikten und Frustrationen umgehen
- handeln sozial und moralisch verantwortlich
- **Wir stellen hohe Ansprüche**
  - fordern von uns und anderen das Beste
  - zeigen und ermutigen andere zu einer Mentalität des „Es ist machbar, und wir packen es an"
  - sorgen dafür, dass Aufgaben erledigt werden
  - verfolgen das Ziel immer konsequent
- **Wir gehen pro-aktiv mit Konflikten um**
  - scheuen uns nicht, Konflikte anzugehen
  - führen Konflikte zu Lösungen
  - lösen Konflikte direkt im Gespräch
  - sind fähig, „nein" zu sagen
  - fordern konstruktive Kritik und akzeptieren sie
  - respektieren die Meinungen Anderer und sind offen, unsere eigene zu ändern
  - bringen unterschiedliche Ansätze mit einem gemeinsam angestrebten Ziel in Einklang
- **Wir sind kommunikativ**
  - kommunizieren offen, direkt und ehrlich
  - hören Anderen aktiv zu
  - sind offen für gegenseitiges Feedback
  - gestalten die formale und fördern die informelle Kommunikation
  - teilen mit unseren Mitarbeitern die Unternehmensvision
- **Wir führen konsequent**
  - führen Einzelne und Gruppen
  - respektieren unsere Mitarbeiter
  - schaffen Voraussetzungen und das Klima für Teamwork
  - stehen hinter vereinbarten Teamergebnissen
  - fördern, unterstützen und begeistern Mitarbeiter, um Ziele zu erreichen
  - stellen rechtzeitige und auf Fakten basierende Entscheidungen sicher
  - vertrauen unseren Mitarbeitern, erkennen Leistung an und stehen für Fehler ein
  - stehen gerade für Vereinbarungen
  - unterstützen die Entwicklung unserer Mitarbeiter

- delegieren Verantwortung und Kompetenzen an die geeigneten Mitarbeiter
- managen Ressourcen und Prozesse wirkungsvoll
- unterstützen den offenen Umgang mit Gefühlen, Meinungen und Bedürfnissen
- führen beispielgebend.

Praxisbeispiel 6, Metallindustrie

Führungsgrundsätze

Entscheidend für den Unternehmenserfolg sind der Einsatz und die Leistung unserer Mitarbeiter.

Aufgabe unserer Vorgesetzten ist es, die Eigenverantwortung ihrer Mitarbeiter und den Einsatz für die Unternehmensziele zu fördern.

Hieraus folgen zehn Führungsgrundsätze

- **Ziele:** Vorgesetzte und Mitarbeiter erarbeiten aus den Unternehmenszielen konkrete Ziele für jeden Bereich, jede Abteilung und jeden Arbeitsplatz. Klare und eindeutige Ziele sind Orientierung und Maßstab für unsere Arbeit.

- **Identifikation und Motivation:** Unsere Mitarbeiter sollen den Erfolg des Unternehmens als ihren eigenen anstreben. Deshalb respektieren und fördern unsere Führungskräfte jeden Mitarbeiter durch Anerkennung seiner Ideen und Leistungen.

- **Vertrauensvolle Zusammenarbeit:** Führung in unserem Unternehmen hat auf jeder Ebene die offene, vertrauensvolle und bereichsübergreifende Zusammenarbeit aller Führungskräfte und Mitarbeiter zum Ziel.

- **Zuverlässigkeit:** Unbedingte Zuverlässigkeit in der Zusammenarbeit sowohl mit Kunden als auch im Unternehmen ist zentrales Führungsziel. Wer eine Zusage oder Verpflichtung nicht einhalten kann, ist für die rechtzeitige und offene Information aller Beteiligten verantwortlich.

- **Delegation von Verantwortung:** Unsere Mitarbeiter sind an ihren Arbeitsplätzen die besten Fachleute. Ihr Wissen und Können sollen voll zur Entfaltung kommen. Dem Vertrauen in Leistungsfähigkeit und Verantwortungsbewusstsein unserer Mitarbeiter entspricht der Führungsgrundsatz, Verantwortung zu übertragen.

- **Information:** Unser Unternehmen stellt seinen Mitarbeitern alle Informationen zur Verfügung, die für ihre Arbeit notwendig, sinnvoll und motivierend sind. Dies gilt besonders für neue Mitarbeiter.

- **Kommunikation:** Unsere Führungskräfte fördern den offenen und direkten Meinungs- und Informationsaustausch.

- **Kontinuierliche Verbesserung:** Unsere Führungskräfte gewährleisten, dass Anregungen ihrer Mitarbeiter zur Verbesserung oberste Priorität haben. Sie fördern Zivilcourage und Risikobereitschaft ihrer Mitarbeiter als Voraussetzungen für Leistung, Kreativität und Eigenverantwortung.

- **Solidarität:** Bei der Lösung von Problemen unterstützen sich alle Beteiligten gegenseitig. Persönliche und sachliche Ursachen von Fehlern werden aufgezeigt, um gemeinsame Wege zur Vermeidung künftiger Probleme zu finden. Kritik muss sachlich und konstruktiv sein.
- **Glaubwürdigkeit:** Führungskräfte sind Vorbild. Nur wer die Führungsgrundsätze ständig vorlebt, wird seine Mitarbeiter von ihrer Gültigkeit überzeugen. Glaubwürdigkeit ist unverzichtbare Grundlage von Führung und Zusammenarbeit.

Praxisbeispiel 7, Dienstleitungsbereich

Leitsätze für die Führung – Führungsverhalten

(1) Führungskräfte müssen sich der besonderen Verantwortung aus ihrem Führungsauftrag bewusst sein und sich durch vorbildliches Verhalten und fachliche Leistung ständig neu qualifizieren. Ihre Einsatzbereitschaft und ihre Einstellung zur Aufgabe sind maßgebend für die Motivation der Mitarbeiter.

(2) Führungskräfte sollen Initiative, Kreativität und Durchsetzungsfähigkeit entwickeln und in ihrem Bereich ergebnis- und sozialorientiert handeln. Dabei müssen Risiken verantwortungsbewusst abgewogen werden.

(3) Führungskräfte sollen in ihrem Verhalten die Verpflichtung zur aktiven Kooperation gegenüber anderen Firmen und Bereichen ebenso wie zu ihren Mitarbeitern erkennen lassen.

(4) Die raschen technischen, wirtschaftlichen und gesellschaftlichen Veränderungen verlangen von Führungskräften, sich ständig weiterzubilden.

(5) Führungskräfte sollen sich mit den gesellschaftspolitischen Entwicklungen auseinandersetzen. Sie sollen im Rahmen ihrer Führungsaufgabe für die Unternehmensverfassung eintreten.

(6) Führungskräfte sollen die verantwortlichen Mitarbeiter in ihren Aufgabenbereichen selbstständig handeln und entscheiden lassen, um Initiative und Verantwortungsgefühl zu wecken und die Identifizierung mit der Aufgabe zu fördern.

(7) Als Voraussetzung für erfolgreiche Arbeit sind die Mitarbeiter umfassend und rechtzeitig zu informieren, Gelegenheit zur Aussprache ist zu schaffen. Anregungen und Kritik sollen beachtet und gefördert werden.

(8) Der Vorgesetzte soll die persönliche Motivation eines jeden seiner Mitarbeiter beachten und zu verstehen suchen. Er muss sich bemühen, die Motivation des Einzelnen mit der gemeinsamen Zielsetzung in Einklang zu bringen.

(9) Der Vorgesetzte hat die Arbeitsziele mit seinen Mitarbeitern zu besprechen, ihnen die Zusammenhänge mit übergeordneten Zielen sichtbar zu machen und seine Entscheidung zu begründen.

(10) Der Vorgesetzte fällt Entscheidungen nach Rücksprache mit seinen Mitarbeitern, wobei er deren Sachkenntnis und Vorstellung im Entscheidungsprozess berücksichtigen soll.

(11) Anweisungen erteilt der direkte Vorgesetzte. Ist eine sofortige Entscheidung unerlässlich, so sind im Ausnahmefall auch Anweisungen durch höhere Instanzen möglich. Der direkte Vorgesetzte ist dann umgehend zu informieren.

(12) Der Vorgesetzte hat die Erfüllung der Arbeitsziele zu überwachen und seine Mitarbeiter mit Hinweisen und Maßnahmen zu unterstützen.

(13) Der Vorgesetzte hat Arbeitsplatz und Arbeitsmittel sowie Arbeits- und Urlaubszeiten der Mitarbeiter unter den Gesichtspunkten seiner Fürsorgepflicht und der Erfüllung der Arbeitsziele zu gestalten.

(14) Der Vorgesetzte soll die positiven Möglichkeiten in Menschen und Situationen erfassen und fördern, gute Leistungen anerkennen, konstruktive Kritik üben und gegen Missstände entschlossen vorgehen. Anerkennung kann öffentlich erfolgen, Kritik ist persönlich und vertraulich auszusprechen.

(15) Jeder Vorgesetzte hat die Pflicht, dem Wunsch seiner Mitarbeiter nach persönlicher Beurteilung und Aussprache nachzukommen. In Konfliktfällen muss er eine Möglichkeit der Aussprache mit dem nächsthöheren Vorgesetzten anbieten.

Kapitel 16. Fallstudien zum Personalmanagement

Personalführung spielt sich zwar in erster Linie im eigenen Verantwortungsbereich der jeweiligen Führungskraft ab. Die Führungsverantwortung der Führungskraft endet damit aber noch nicht. Von einer Führungskraft wird heute ein universelles unternehmerisches Denken und Handeln erwartet. Dies setzt ein über den Tellerrand hinausgehendes Verständnis für die unternehmerischen Zusammenhänge voraus. Kenntnisse der breiten Palette der Betriebswirtschaft müssen für jede Führungskraft eine Selbstverständlichkeit sein: nicht unbedingt Können, aber Kennen!

Der Rahmen der „Personalpraxis" würde überschritten, wenn diese Palette hier ausgebreitet würde. Wir wollen im Bereich des Personalmanagements bleiben. In den folgenden Fallstudien sollen daher exemplarisch nur die personalpolitischen Abhängigkeiten, Zusammenhänge und Sachzwänge aufgezeigt werden, welche die Arbeit jeder Führungskraft tangieren.

„Von der Wiege bis zur Bahre" könnte als Überschrift für dieses Kapitel stehen. Die Auswahl der einzelnen Fallstudien orientiert sich an dem Weg, den ein Mitarbeiter vom Zeitpunkt der Personalplanung bis zu seinem Ausscheiden aus einem Unternehmen gehen könnte. Nicht dass jede Führungskraft die hinter der einzelnen Fallstudie stehenden Überlegungen auch selbst anstellen müsste – sie sollte aber zumindest fundiert darüber nachdenken können. Führen heißt denken, haben wir an anderer Stelle wiederholt betont.

Die einzelnen Fallstudien sind jeweils vergleichbar aufgebaut: Aufgabenstellung – Grundsatzfragen – Ergebnis. Die Grundsatzfragen wurden jeweils eingebaut, weil die Autoren in der Vergangenheit immer wieder die Erfahrung gemacht haben, dass ein Sachverhalt beim Leser nur dann richtig ankommt, wenn bei diesem alle relevanten Wissensinformationen vorhanden sind. Diese Grundsatzfragen sollen aber auf keinen Fall ein wissenschaftliches Lehrbuch ersetzen. Ergänzt werden die einzelnen Fallstudien durch interessante, vorwiegend gesamtwirtschaftliche Randinformationen sowie einzelne Praxisbeispiele.

Fallstudie 1: Tarifverträge als personalpolitische Rahmenbedingungen

(1) Aufgabenstellung

Ihr Unternehmen plant die Errichtung eines neuen Montagewerks in Sachsen. Das neue Werk soll auf der grünen Wiese entstehen, in der ersten Ausbaustufe rund 400 Mitarbeiter beschäftigen und rechtlich als eine selbstständige Gesellschaft geführt werden.

Ihrer Geschäftsleitung ist bewusst, dass die von der deutschen Wirtschaft häufig beklagte Überregulierung im Personalmanagement besonders stark ausgeprägt ist. Gesetzliche Vorgaben durch Mitbestimmung, Betriebsverfassung und Arbeitsschutz werden verstärkt durch einengende tarifliche Regelungen und die Rechtsprechung. Das rechtliche Handlungskorsett des Personalmanagements ist daher in Deutschland enger geschnürt als in anderen Industrienationen. Ihre Geschäftsleitung ist sich darüber im Klaren, dass bei ihrer Planung nicht nur der regionale Arbeitsmarkt einen wesentlichen Entscheidungsfaktor darstellt, sondern vor allem auch die Frage einer Tarifbindung.

Sie möchte daher von Ihnen neben einer Übersicht über die tarifrechtliche Situation eine Empfehlung, ob die neue Gesellschaft Mitglied eines Arbeitgeberverbands werden soll, möglicherweise einen Haustarif abschließen oder aber tariffrei bleiben soll.

(2) Grundsatzfragen

- **Was ist ein Tarifvertrag?**
  - Ein Vertrag mit Rechtsnorm zwischen den Tarifvertragsparteien (§ 1 Tarifvertragsgesetz)
- **Wer sind die Tarifvertragspartien?**
  - Die Gewerkschaften einerseits (IG Metall, ver.di, IG Medien ... unter den Dachorganisationen Deutscher Gewerkschaftsbund, Deutscher Beamtenbund, Christlicher Gewerkschaftsbund mit rund 8,3 Mio. Mitgliedern in 2005)
  - Die Arbeitgeberverbände andererseits (Südwestmetall, Hessen-Chemie, KFZ-Gewerbe Hamburg ...)
  - Einzelne Arbeitgeber
- **Welche Arten von Tarifverträgen gibt es grundsätzlich?**
  - Verbands/Flächentarifverträge (nach Branchen/Regionen)
  - Haus-/Firmentarifverträge (zwischen einzelnen Arbeitgebern und
  - einer Gewerkschaft)
- **Was regeln die einzelnen Tarifverträge?**
  - Fragen zum Inhalt, Abschluss und der Beendigung von Arbeitsverhältnissen (u. a. Art der Tätigkeit, Vergütung, Arbeitszeit, Urlaub)

– Allgemeine betriebliche Fragen (u. a. Ordnung im Betrieb, Disziplinarmaßnahmen)

● **Wen verpflichtet ein Tarifvertrag?**

– Grundsätzlich die jeweiligen Tarifvertragsparteien
– Aber: Arbeitgeber nur gegenüber Gewerkschaftsmitgliedern!
– Daher: Bezugnahme auf den jeweils gültigen Tarifvertrag im Einzelarbeitsvertrag von Nicht-Gewerkschaftsmitgliedern!

(3) Ergebnis: Pro und Contra einer Tarifbindung

● **Was spricht aus Sicht des Unternehmens für eine Verbandstarifbindung?**

– Mit der Gewerkschaft verhandeln Tarifexperten des Arbeitgeberverbands
– Man steht der Gewerkschaft damit als Unternehmen nicht alleine gegenüber
– Tarifabschlüsse orientieren sich meist an der durchschnittlichen Ertragssituation einer Branche, sodass ertragsstarke Unternehmen davon profitieren
– Man braucht nicht selbst zu verhandeln, sodass kein interner zeitlicher Zusatzaufwand entsteht
– Man ist nicht so erpressbar wie als Einzelunternehmen
– Durch Teilnahme im Verhandlungsausschuss kann man Einfluss auf das Ergebnis der Tarifverhandlungen nehmen
– Auch nicht-tarifgebundene Unternehmen müssen sich an der allgemeinen Tarifentwicklung orientieren, sodass es letztendlich egal ist, ob man Verbandsmitglied ist oder nicht
– Mitarbeiter fühlen sich weniger der „Unternehmerwillkür" ausgeliefert und arbeiten daher motivierter (?)
– Mit der Einkommensentwicklung unzufriedene Mitarbeiter können auf die Tarifpartner verwiesen werden

● **Was spricht aus Sicht des Unternehmens gegen einen Verbandstarifvertrag?**

– Die unternehmensspezifische Markt- und Kostensituation wird nicht oder nicht genügend berücksichtigt
– Tarife sind starr und unflexibel; tariffreie Unternehmen sind damit beweglicher
– Unternehmen werden u. U. in einen Arbeitskampf hineingezogen, obwohl die Beschäftigungslage dies nicht zulässt

● **Was spricht aus Sicht des Unternehmens für einen eigenen Haustarifvertrag?**

– Die Hoffnung, als Einzelunternehmen einen günstigeren Tarifabschluss zu erzielen als der Arbeitgeberverband

– Ein vernünftiger, d. h. im Gesamtinteresse des Unternehmens und seiner Mitarbeiter denkender Betriebsrat

– Tarifverhandlungen sind häufig Rituale, in denen Sachfragen zu kurz kommen und von denen man bereits im Vorfeld weiß, wie sie ausgehen

• **Was spricht aus Sicht des Unternehmens gegen jegliche Tarifbindung?**
  – Der Glaube an mehr Flexibilität und niedrigere Personalkosten.

Eine Empfehlung für oder gegen einen Beitritt zu einem Arbeitgeberverband bzw. für oder gegen einen Haustarifvertrag hängt letztendlich davon ab, wie das Unternehmen seine individuelle Situation und Position beurteilt. Tendenziell ist festzustellen, dass die Entwicklung eher weg vom Flächentarifvertrag und hin zum Haustarifvertrag oder zu keiner Tarifbindung geht.

(4) Randinformationen/Praxisbeispiele: Einkommens- und Kostenwirkungen einer Tariferhöhung

Unabhängig von der endgültigen Entscheidung muss sich jedes Unternehmen bewusst sein, dass eine Lohnerhöhung über den Brutto-Erhöhungsbetrag hinaus weitere Kostenbelastungen nach sich zieht. Den Mitarbeitern muss klar sein, dass zwischen einer **Brutto-** und einer **Nettoerhöhung** erhebliche Unterschiede bestehen und dass die Gewerkschaften immer nur an der Bruttolohnschraube, aber nie an der Nettolohnschraube drehen können.

Beispielrechnung	V/II	Single
Brutto-Lohnerhöhung in €	100,00	100,00
Lohnsteuer, Kirchensteuer, Solidaritätszuschlag	–22,80	–35,30
Sozialversicherung Arbeitnehmer	–21,20	–21,20
Netto-Lohnerhöhung	56,00	43,50
Sozialversicherung Arbeitgeber	+22,20	+22,20
Kostenbelastung Unternehmen	**122,20**	**122,20**

Die große – und nach wie vor zunehmende – Zahl von Tarifverträgen bestätigt die Vielfalt, gleichzeitig aber auch die Unübersichtlichkeit der deutschen Tariflandschaft.

Gültige Tarifverträge BRD Stand 31.12.2004	Manteltarifverträge	TV mit Mantelbestimmungen	Vergütungs-Tarifverträge	Änderungs- und Parallel-TV	Gesamt
Verbands-(Flächen-)Tarifverträge	1552	8515	2994	20903	33964
Firmen-(Haus-)Tarifverträge	6013	11644	5179	4972	27808
Gesamt	7565	20159	8173	25875	61772

Obwohl nur gut ein Drittel aller deutschen Betriebe einer Tarifbindung un-
terliegt und nur rund 8,3 Mio. der insgesamt rund 38,7 Mio. Erwerbstätigen
(2005) einer Gewerkschaft angehören, bestimmen letztendlich die Tarifabschlüsse die Einkommensentwicklung in der deutschen Wirtschaft. Auch
nicht-tarifgebundene Unternehmen können, da sie am Arbeitsmarkt mit den
tarifgebundenen konkurrieren, die tarifliche Entwicklung nicht einfach negie-
ren.

Fallstudie 2: Personalplanung – Einstellzahlen Auszubildende

(1) Aufgabenstellung

Ihre Geschäftsleitung möchte von Ihnen fundierte Vorschläge für die im
kommenden Herbst einzustellenden Auszubildenden.

Ihre Geschäftsleitung möchte dabei nicht nur die Bedarfssituation berücksichtigt wissen, sondern vor dem Hintergrund ihrer gesellschaftspolitischen
Verantwortung auch einen Beitrag zur Verringerung des allgemeinen Lehr-
stellenmangels leisten.

Welche Überlegungen legen Sie Ihren Vorschlägen zugrunde? Reichen Ihnen die nachfolgenden Daten für die Erarbeitung eines Vorschlags?

- Mitarbeiter:

1992	8 431
1994	6 970
1996	7 107
1998	8 151
2000	9 320
2002	10 143
2004	11 688
2006	11 384

- Belegschaftsstruktur: hoher Anteil an Angestellten (Forschung und Entwicklung), bei den Lohnempfängern hoher Anteil an Facharbeitern
- Produktion/Absatz: Planung sieht für 2007 rund 105 000 Fahrzeuge vor
(1996: 20 242, 1998: 38 007, 2000: 48 815, 2002: 55 050, 2004: 81 531,
2006: 102 602)
- Umsatzentwicklung:

1992/93	€ 978 Mio.
1997/98	€ 2 519 Mio.
2000/01	€ 4 441 Mio.
2002/03	€ 5 582 Mio.
2005/06	€ 6 570 Mio.

- Einstellzahlen Auszubildende:

Herbst 1991	125
Herbst 1992	100
Herbst 1993	70
Herbst 1994	50

Herbst 1995   82
Herbst 1996   80
Herbst 1997   86
Seit Herbst 1998   100

(2) Grundsatzfragen

- **Was versteht man unter Personalplanung?**
  - Ermittlung des Personalbedarfs und Möglichkeiten für dessen Deckung unter den Aspekten Quantität, Qualität, Zeitpunkt, Ort und Kosten
- **Was ist das Ziel jeder Planung?**
  - Verbesserung der Entscheidungsgüte gegenüber einer ad-hoc-Entscheidung
- **Welche Teilbereiche umfasst die Personalplanung?**
  - Bedarfsplanung
  - Beschaffungsplanung
  - Einsatzplanung   jeweils unter den Aspekten
  - Entwicklungsplanung   Quantität und Qualität und Fristigkeit
  - Freisetzungsplanung   (kurz-, mittel-, langfristig)
  - Kostenplanung
- **Von welchen Faktoren hängen die Einstellzahlen im Grundsatz ab?**
  - Vom Bedarf an Facharbeitern!
- **Von was hängt wiederum der Bedarf an Facharbeitern ab?**
  - Von den „Primärdeterminanten"
  - Produktmenge und Leistung der Mitarbeiter
  - Von den „Sekundärdeterminanten" (u. a.)
  - Mitarbeiter-Struktur
  - Mitarbeiter-Fluktuation
  - Produktmix (Produktstruktur/-menge)
  - Art der Produktionsverfahren
  - Arbeitsorganisation
  - Fertigungstiefe (Eigen-/Fremdfertigung)
  - Standortentscheidungen
- **Sind diese bedarfsrelevanten Faktoren bekannt?**
  - Nein oder nur bedingt!
  - Auszubildende, die im Herbst 2007 ihre Ausbildung beginnen, stehen frühestens im Frühjahr 2011 als Facharbeiter zur Verfügung!
- **Schlussfolgerung?**
  - Planung und Entscheidung beruht auf unsicheren Grundlagen
  - Aber: Wer ohne Plan arbeitet, arbeitet planlos!
- **Gibt es Planungs-Hilfsgrößen?**
  - Ja

- Vergangenheitsbezogen
  - Kennzahlen Verhältnis Auszubildende – Facharbeiter – übrige Mitarbeiter
  - Fluktuationsziffern Facharbeiter
  - Fluktuation nach Ausbildungsabschluss
  - Übernahmen/Nichtübernahmen nach Ausbildung
  - Einstellung zusätzlicher Facharbeiter von außen
  - Ausbildungskosten!
  - Ausbildungskapazität!
- Aktuell
  - Ausbildungsmarkt ergiebig ja/nein
  - Attraktivität als Arbeitgeber
  - Arbeitsmarkt bei Facharbeitern
  - Gegebene Ausbildungskapazität
  - Ausbildungshemmnisse (Schule, Kosten)!
- **Reicht eine quantitative Betrachtung dieser Faktoren?**
  - Nein!
  - Quantitative müssen durch qualitative Faktoren ergänzt werden!
  - Welche Ausbildungsberufe möchte ich ausbilden?
    - (Kaufmännisch: Industriekaufmann/-Kauffrau, Datenverarbeitungs-Kaufmann/-Kauffrau ...)
    - (Gewerblich: Werkzeugmacher, Energieelektroniker, Lackierer ...)
  - Planungs-/Hilfsgrößen müssen daher nach Ausbildungsberufen untersucht werden
- **Gibt es betriebsverfassungsrechtliche Aspekte zu beachten?**
  - Ja!
  - Personalplanung: Unterrichtungs- und Beratungsrechte des Betriebsrats (BetrVG § 92)
  - Auswahlrichtlinien: Zustimmungspflichtig (BetrVG § 95)
  - Förderung der Berufsbildung: Beratungsrechte des Betriebsrats
  - BetrVG § 96)
  - Ausstattung beruflicher Einrichtungen: Beratungsrechte des Betriebsrats (BetrVG § 97)
  - Durchführung betrieblicher Bildungsmaßnahmen: zustimmungspflichtig (BetrVG § 98)

(3) Ergebnis

Die Entscheidung über die Zahl der einzustellenden Auszubildenden kann nicht an Bedarfszahlen festgemacht werden. Auch in den Folgejahren 100 einzustellen, ist weder richtig noch falsch!

Es handelt sich vielmehr um eine unternehmenspolitische Entscheidung.

Ob zu viel oder zu wenig Auszubildende eingestellt wurden, zeigt sich erst in vier bis fünf Jahren. Falls zu wenig Auszubildende eingestellt werden: spätere Neueinstellungen vom Arbeitsmarkt, falls zu viel eingestellt werden: Nicht-Übernahme nach Ausbildungsabschluss.

(4) Randinformationen/Praxisbeispiele

Die Zahl der Auszubildenden in der deutschen Wirtschaft hat in den letzten Jahrzehnten stetig abgenommen. Dies gilt sowohl für die alten als auch für die neuen Bundesländer. Sie erreichte im Jahr 2004 den niedrigsten Stand seit 1970.

Im Gegensatz zu dieser rückläufigen Entwicklung hat sich im gleichen Zeitraum die Zahl der Studenten in den alten Bundesländern mehr als verdreifacht (Vergleichszahlen für die neuen Bundesländer liegen nicht vor). Die Gesamtzahl der Studenten in Deutschland lag 2004 knapp unter 2 Millionen.

Fallstudie 3: Personalakquisition

(1) Aufgabenstellung

Sie erhalten den Auftrag, für eine Ihrer Tochtergesellschaften einen kaufmännischen Leiter zu suchen.

Bei dieser Tochtergesellschaft handelt es sich um ein Unternehmen, welches Metall- und Kunststoffprodukte herstellt. Es beschäftigt rund 1100 Mitarbeiter und hat einen Umsatz von rund 150 Millionen € pro Jahr. Die Marktposition und die Ergebnissituation sind gut. Der Sitz des Unternehmens liegt im Einzugsgebiet einer süddeutschen Großstadt.

Das Aufgabengebiet des kaufmännischen Leiters umfasst: Materialwirtschaft, Finanz- und Rechnungswesen, Personalwesen und Allgemeine Verwaltung. Die Position ist mit Prokura ausgestattet und untersteht unmittelbar der Geschäftsleitung.

Die Anforderungen an den Bewerber sind: abgeschlossenes Hochschulstudium, mehrjährige Erfahrung in leitenden Positionen eines Konzernunternehmens und Führungsbegabung.

Die Vergütung soll den hohen Anforderungen an diese Führungsposition entsprechen.

Überlegen Sie, welche Möglichkeiten Sie grundsätzlich haben, um diese Position zu besetzen.

Welche Akquisitionswege erscheinen Ihnen sinnvoll und Erfolg versprechend?

Falls Sie sich für eine Personalanzeige in einer Tageszeitung entscheiden: Welche Aussagen machen Sie in der Anzeige? Wie gestalten Sie diese Anzeige? Inserieren Sie unter Ihrem Firmennamen oder unter Chiffre?

(2) Grundsatzfragen

- Wissen Sie, welche Qualifikation (welche Kompetenzen) Sie für diese Position suchen?
  - Jede Tätigkeit erfordert zunächst einmal
    - Fachkompetenzen
    - Fachwissen/Fachkenntnisse, wie sie durch die Schul-/Berufsausbildung und Berufserfahrung erworben werden können
  - Jede Führungstätigkeit erfordert darüber hinaus
    - Führungskompetenz
    - Methodenkompetenz (interdisziplinäres Denken, Organisationsfähigkeit, analytisches Denken)
    - Sozialkompetenz (Kooperations-, Kommunikations-, Kontaktfähigkeit, Verhandlungsgeschick, Durchsetzungsvermögen)
    - Persönlichkeitskompetenz (Kreativität, Belastbarkeit, Risikobereitschaft, Entscheidungsfähigkeit)
- **Sind darüber hinaus gehende Aspekte zu beachten?**
  - Ja! Nachdem eine Position nicht lebenslang vom gleichen Mitarbeiter besetzt bleiben soll, ist ferner wichtig
  - Das Entwicklungspotential des potentiellen Bewerbers
- **Welche Akquisitionswege stehen Ihnen grundsätzlich zur Verfügung?**
  - Intern:
    - Nachwuchs-Förderkreis
    - Interne Stellenausschreibung
  - Extern:
    - Stellenanzeigen (Tages-, Fachzeitungen regional, überregional)
    - Stellengesuche in Tageszeitungen
    - Bundesagentur für Arbeit
    - Hochschulkontakte/Messen
    - Internet
    - Freie Bewerbungen
    - Headhunter
    - Persönliche Kontakte
    - Leasingunternehmen
    - Unternehmensberater
- **Wie gestalten Sie eine Stellenanzeige in einer Tageszeitung, falls Sie sich für diesen Akquisitionsweg entscheiden?**
  - Zum Inhalt:
    - Wer sind wir?
    - Was suchen wir?
    - Was bieten wir?

- Zur grafischen Gestaltung: Unternehmens- und funktionsspezifisch, d. h., in der Größe der Bedeutung der Position angemessen, in der Aufmachung der Funktion angemessen (reißerisch bis seriös)
- „Offene" Anzeige, wenn Sie mit Ihrem Firmennamen werben können und wollen, „Chiffreanzeige", wenn Ihre Position am Arbeitsmarkt nicht besonders stark ist oder wenn interne Gründe gegen eine offene Anzeige sprechen

- **Gibt es betriebsverfassungsrechtliche Aspekte zu beachten?**
  - Ja!
    - Interne Stellenausschreibung: Initiativrecht des Betriebsrats (BetrVG § 93)
    - Neueinstellung: Mitbestimmung des Betriebsrats bei personellen Einzelmaßnahmen (BetrVG § 99)
    - Neueinstellung: Informationsrecht des Betriebsrats bei Leitenden Angestellten (BetrVG § 105)
    - Darüber hinaus: Information des Sprecherausschusses der leitenden Angestellten bei personellen Maßnahmen wie Neueinstellungen (SprAuG § 31)

(3) Ergebnis

- Bei der Suche nach einem Kaufmännischen Leiter eines Konzern-Tochterunternehmens sollte zunächst immer der eigene Führungsnachwuchs eine Chance erhalten. Aufstiegschancen im Rahmen der Personalentwicklung erhöhen nicht nur die Attraktivität des Unternehmens für neue Mitarbeiter, sondern erhöhen auch die Bindungswirkung für Nachwuchskräfte.
- „Blutauffrischung" und der Kampf gegen die „Betriebsblindheit" sprechen andererseits dafür, externen Führungskräften Chancengleichheit einzuräumen.
- Bei der externen Suche nach einem Kaufmännischen Leiter sind von den aufgezeigten grundsätzlichen Wegen eigene Stellenanzeigen sowie die Suche über Headhunter die am meisten Erfolg versprechenden. Wählen Sie eine Stellenanzeige, sollte deren Inhalt klar und wahr sein und deren Gestaltung der Position angemessen!

(4) Randinformationen/Praxisbeispiele

Stellenanzeigen sowie persönliche Kontakte sind nach wie vor die am häufigsten beschrittenen Wege bei Stellenbesetzungen. Auch bei der Erfolgsquote bilden diese beiden Wege die Spitze. Zunehmende Bedeutung gewinnt jedoch die Suche über das Internet.

Fallstudie 4: Personalauswahl/Personalbeurteilung

(1) Aufgabenstellung

Auf Ihre Stellenausschreibung für einen Kaufmännischen Leiter erhielten Sie insgesamt 106 Bewerbungen. Ihre unternehmensinterne Suche ergab darüber hinaus, dass 5 Führungsnachwuchskräfte als mögliche Kandidaten in Betracht kommen.

Bei einer ersten Durchsicht der Bewerbungen zeigte sich eine breite Streuung hinsichtlich:

- Ausbildungsabschluss (vom Abschluss als Einzelhandelskaufmann bis zum Hochschulabschluss)
- Ausbildungsrichtung (vom Diplom-Kaufmann bis zum Geologen)
- Alter (vom 25- bis zum 60-Jährigen)
- Berufserfahrung (vom Hochschulabgänger bis zur 40-jährigen Berufserfahrung)
- Branche (vom Zirkusdirektor bis zum Finanzamtsleiter)
- Einkommensvorstellungen (von 80 000 €/Jahr bis 440 000 €/Jahr)

Welchen Stellenwert messen Sie den aufgeführten persönlichen Daten zu?

Welche Auswahlmethoden wollen Sie anwenden?

Wenden Sie bei Ihren internen Kandidaten die gleichen Auswahlmethoden an wie bei den externen Bewerbern? Haben Sie vergleichbare Bewertungsmaßstäbe?

Bei welcher Kandidatengruppe haben Sie ein sichereres Gefühl bei der Beurteilung der Eignung?

(2) Grundsatzfragen

- **Was ist letztendlich das Ziel einer Personalauswahl?**
  - Den richtigen (am besten geeigneten) Mitarbeiter an den richtigen Platz bringen
- **Welcher Weg bietet sich dafür an?**
  - Abgleichung der Anforderungen des Arbeitsplatzes einerseits mit den Kenntnissen und Fähigkeiten des Kandidaten andererseits (Vergleich Anforderungsprofil mit Eignungsprofil)
- **Welche Beurteilungsunterlagen stehen Ihnen hierfür zur Verfügung?**
  - Bewerbungsunterlagen (als Spiegelbild der Selbstdarstellung)
    - Zeugnisse
    - Anschreiben
    - Lebenslauf
    - Lichtbild
  - Referenzen
  - Arbeitsproben

- Publikationen
- Führungszeugnis
- Vorgesetzte/Früherer Arbeitgeber
- Grafologie (??)

• **Wie bewerten Sie die Aussagefähigkeit der verschiedenen Beurteilungsunterlagen?**
- Bewerbungsunterlagen haben eine hohe Aussagefähigkeit
- Referenzen sind mit Vorsicht zu genießen, da Bewerber nur positive Referenzen angeben
- Arbeitsproben und Publikationen können bei bestimmten Berufsbildern hohe Aussagekraft haben
- Führungszeugnis ist nur bei ganz bestimmten Positionen wichtig (Umgang mit Geld)
- Vorgesetzte und frühere Arbeitgeber können, müssen aber nicht zusätzliche Entscheidungskriterien liefern
- Grafologische Beurteilung nur als zusätzliches Hilfsmittel und nur, wenn der Grafologe praxiserfahren ist

• **Wie bewerten Sie bei einer Vorauswahl die verschiedenen persönlichen Daten?**

Persönliche Daten	wichtig	weniger wichtig
Ausbildung		
-Richtung	x	
-Abschluss		x
Berufserfahrung	x	
Alter		x
Geschlecht		x
Hobbys/Freizeitgestaltung		x
Nationalität		x
Familienstand		x
Wohnort		x
Heutiges Einkommen		x
Soziales/Gesellschaftl. Engagement		x
Religion		x
Branchenerfahrung	x	
Grund des Wechsels	x	
Häufigkeit des Wechsels	x	
Gekündigtes/Ungekündigtes Arbeitsverhältnis	x	

- **Welche „Auswahlinstrumente" stehen Ihnen für die Endauswahl zur Verfügung?**
  - Bei internen Bewerbern:
    - Personalakte
    - Personalentwicklungsgespräch (Förderkreis)
    - Beurteilung bisheriger Vorgesetzter
    - Assessment Center
  - Bei externen Bewerbern:
    - Vorstellungsgespräch (Teilnehmer: künftiger Vorgesetzter, Personalmanagement)
    - Assessment Center
- **Welche allgemeinen Beurteilungsfehler sollten Sie vermeiden?**
  - Alleinige Entscheidung
  - Messen am Vorgänger
  - Sympathie/Antipathie (Aussehen!)
  - Messen an sich selbst
  - Verallgemeinerungen (Vorurteile)
  - Ressortegoismus
  - „Tendenz zur blassen Mitte"
- **Gibt es betriebsverfassungsrechtliche Aspekte zu beachten?**
  - Ja!
    - Interne Stellenausschreibung: Initiativrecht des Betriebsrats (BetrVG § 93)
    - Personalfragebogen, Beurteilungsgrundsätze: Mitbestimmungsrecht des Betriebsrats (BetrVG § 94)
    - Auswahlrichtlinien: Mitbestimmungsrecht des Betriebsrats (BetrVG § 94)
    - Neueinstellung: Mitbestimmung des Betriebsrats bei personellen Einzelmaßnahmen (BetrVG § 99)
    - Neueinstellung: Informationsrecht des Betriebsrats bei Leitenden Angestellten (BetrVG § 105)
  - Darüber hinaus: Information des Sprecherausschusses der leitenden Angestellten bei Beurteilungsgrundsätzen und personellen Maßnahmen wie Neueinstellungen (SprAuG § 30/31)

(3) Ergebnis

Außer dem Aspekt der Personalförderung spricht auch die besser fundierte Beurteilungsmöglichkeit für einen internen Kandidaten – vorausgesetzt, er hat mindestens die gleichen Kenntnisse und Fähigkeiten wie der externe.

Bei der Vorauswahl hat die schriftliche Bewerbung, bei der Endauswahl das persönliche Vorstellungsgespräch die zentrale Bedeutung.

(4) Randinformationen/Praxisbeispiele: Bewerbungsinhalt und -sprache

– „Es würde mich freuen, wenn Sie meinem Schreiben Gehör schenken würden."

– „Durch Vermittlung der Meisterschule bekam ich meine jetzige Stelle als Bauführer. Hier bekamen wir zwei Kinder."

– „... auch hinsichtlich ihrer stattlichen Erscheinung kann ich Frau Müller nur mein vollstes Lob zollen" (Zeugnis).

– „Ihrer gepflegten Antwort mit Freuden entgegensehend."

– „Sie werden sich denken können, dass Männer meines Formats nicht auf der Straße liegen."

– „Ich hatte keine schwereren Krankheiten zu überstehen, und meine Religion ist evangelisch."

– „Aus dieser Ehe gingen vier Kinder hervor. Sonst verlief mein Leben ohne besondere Ereignisse."

– Ebenfalls würde mich die Einteilung der Arbeitszeit interessieren und ob ein Raum vorhanden ist, in dem man sich nach dem Mittagessen liegend kurz entspannen könnte."

– „Bis Januar 2001 war ich bei meinem Vater im Büro. Dann löste dieser seinen Betrieb auf wegen Alters. Ich wechselte dann auf die chemische Reinigung meiner Schwester über."

– „Ich bin ein frohes und geselliges Wesen, und man kann mit mir auskommen."

– „Durch meine Heirat und damit zusammenhängende andere Umstände kündigte ich mein Arbeitsverhältnis zum 31. 12. 2003."

– „Meinen derzeitigen Arbeitsplatz möchte ich wechseln, da die Tochter des Betriebsinhabers sich verheiratet und mir dadurch die Möglichkeit zum Aufstieg genommen ist."

– „Danach besuchte ich die Krankenpflegeschule in Augsburg. Dort legte ich am 15. 12. 1998 mein Staatsexamen ab. Dieses bestand ich mit genügend, obwohl ich meine Prüfungsarbeiten gut gemacht habe, schriftlich wie mündlich. Der Grund liegt im Betragen: denn ich hatte damals einen Mulatten als Freund, und da platzte den Klosterfrauen der Kragen."

Fallstudie 5: Mitarbeiter-Information

(1) Aufgabenstellung

Das Unternehmen, in welchem Sie seit kurzem tätig sind, ist in den letzten Jahren kräftig gewachsen. Die Zahl der Mitarbeiter hat sich innerhalb von fünf Jahren verdreifacht und beträgt heute rund 9000. Die Information der Mitarbeiter über aufgaben- und aufgabenumfeldbezogene Vorgänge hat mit dieser Entwicklung nicht Schritt gehalten. Viele Informationen versickern auf dem

Wege von der Unternehmensleitung zu den Mitarbeitern, da viele Führungskräfte Informationen nur unvollständig oder gar nicht weitergeben. Institutionalisierte Informationsmittel wie Rundschreiben oder Mitarbeiterzeitschrift existieren nicht.

Im Gegensatz hierzu hat der Betriebsrat seine Informationsschienen voll genutzt: Betriebsversammlungen sowie eine regelmäßige Information der Mitarbeiter durch die betrieblichen Vertrauensleute, ergänzt um gewerkschaftliche Mitteilungsblätter, wirken meinungsbildend. Es passiert nicht selten, dass die Mitarbeiter wesentliche unternehmerische Entscheidungen nicht von Seiten der Unternehmensleitung, sondern durch den Betriebsrat erfahren.

Machen Sie Ihrer Geschäftsführung Vorschläge für eine Verbesserung der Situation.

Prüfen Sie die Möglichkeiten

- für eine Verbesserung der Informationsweitergabe durch die Führungskräfte (Inhalt, Häufigkeit, Sprache)
- für die Einführung institutionalisierter Informationsmittel und -wege

(2) Grundsatzfragen

- **Was verbirgt sich hinter dem Begriff Mitarbeiter-Information?**
  - Rechtzeitige und umfassende Unterrichtung der Belegschaft eines Unternehmens über aufgabenbezogene und aufgabenumfeldbezogene Ereignisse und Vorgänge
- **Was ist das Ziel der Mitarbeiter-Information?**
  - Verringerung der Gefahr von Fehlentscheidungen
  - Motivation der Mitarbeiter
  - Stärkung des Zusammengehörigkeitsgefühls
  - Identifizierung mit der Aufgabe
  - Förderung der Arbeitsmoral
  - Verhinderung von Gerüchten
  - Verbesserung des Betriebsklimas
  - Erhöhung der Zufriedenheit der Mitarbeiter
- **Welchen Inhalt sollte die Mitarbeiter-Information haben?**
  - Zum Einen arbeitsplatzbezogene Informationen: Arbeitsaufgabe, Arbeitsorganisation, Produktinformationen
  - Zum Anderen arbeitsumfeldbezogene Informationen: wirtschaftliche, produktionstechnische, organisatorische und soziale Angelegenheiten des Unternehmens, Geschäftspolitik, Markt- und Wettbewerbsbedingungen
- **Welche Informationswege bieten sich grundsätzlich an?**
  - Führungskraft – Mitarbeiter (Einzelgespräche, Informationsrunden)
  - Institutionalisierte Wege (Betriebsversammlung, Abteilungsversammlung, Werkszeitung, Rundschreiben, Intranet, Schwarzes Brett)

- Betriebsrat – Mitarbeiter (Betriebsversammlung, Vertrauensleute, Rundschreiben, Intranet, Schwarzes Brett)
- **Welche Probleme ergeben sich häufig bei der Mitarbeiter-Information?**
  - Die Mitarbeiter-Information kämpft ständig gegen eine Informationsreduzierung und -veränderung bezüglich Inhalt, Umfang, Zeitpunkt und Sprache
- **Welche betriebsverfassungsrechtlichen Aspekte sind zu beachten?**
  - Der Betriebsrat hat das Recht, alle drei Monate eine Betriebsversammlung einzuberufen. Der Arbeitgeber ist zu diesen Betriebsversammlungen einzuladen; er ist berechtigt, in diesen Versammlungen zu sprechen (BetrVG § 42 ff).
  - Der Arbeitgeber hat den Mitarbeiter über dessen Aufgabe und Verantwortung sowie über die Art seiner Tätigkeit und ihre Einordnung in den Arbeitsablauf des Betriebs zu unterrichten (BetrVG § 81).
  - Der Mitarbeiter kann verlangen, dass ihm die Berechnung und Zusammensetzung seines Arbeitsentgelts erläutert und dass ihm die Beurteilung seiner Leistungen sowie die Möglichkeiten seiner beruflichen Entwicklung erörtert werden (BetrVG § 82).
  - Der Arbeitgeber hat den Betriebsrat über die Planung von Neu-, Um- und Erweiterungsbauten, von technischen Anlagen, von Arbeitsverfahren und Arbeitsabläufen oder Arbeitsplätzen rechtzeitig unter
  - Vorlage der erforderlichen Unterlagen zu unterrichten (BetrVG § 90).
  - Der Unternehmer hat den Wirtschaftsausschuss rechtzeitig und umfassend über die wirtschaftlichen Anlagen des Unternehmens unter Vorlage der erforderlichen Unterlagen zu unterrichten (BetrVG § 106).

(3) Ergebnis
- Ein Unternehmen sollte grundsätzlich alle aufgezeigten Möglichkeiten der Mitarbeiter-Information nutzen. Nur dann ist gewährleistet, dass diese Mitarbeiter auch mitdenken können.
- Information ist allerdings nie eine Einbahnstraße. Sie muss genauso von unten nach oben funktionieren wie umgekehrt.
- Information ist immer Bringschuld und Holschuld zugleich.

Fallstudie 6: Personalentwicklung/-förderung

(1) Aufgabenstellung

Durch die Ausgliederung der Produktbereiche „Hausgeräte" aus der Muttergesellschaft zweier großer Konzernunternehmen wurde ein neues Unternehmen „Weißer Riese" gegründet, an dem die beiden Muttergesellschaften mit jeweils 50 % beteiligt sind. Erklärtes Ziel der Ausgliederung war ein am

Markt weitgehend selbstständig und von den beiden Muttergesellschaften weitgehend unabhängig operierendes Unternehmen.

Vor diesem Hintergrund sollten nicht nur die Beschäftigungsbedingungen verselbstständigt werden, sondern auch das gesamte Personal- und Ausbildungswesen. Das neue Unternehmen mit mehreren Standorten in der BRD übernahm seine rund 16 000 Mitarbeiter voll von den beiden Muttergesellschaften. Durch die Zusammenführung entstanden organisatorische Doppelstrukturen, die beseitigt werden mussten. Andererseits mussten neue (gemeinsame) Funktionen geschaffen werden, welche vor allem an die Führungskräfte neue, höhere und andersartige Anforderungen stellten.

Die Unternehmensleitung erteilte daher den Auftrag, ein Konzept für eine eigenständige Personalentwicklung vorzulegen.

Machen Sie Vorschläge für eine solche Konzeption. Berücksichtigen Sie dabei (aber nicht nur) folgende Aspekte:

- Organisatorische und personelle Ausstattung dieser Funktion
- Kosten
- Bedarfs- oder qualitätsorientierte Planung
- Laufbahn- oder Potentialplanung
- Förderkreis – Förderinhalt – Fördermethoden

(2) Grundsatzfragen

- **Was steckt hinter dem Begriff Personalentwicklung/-förderung?**
  - Maßnahmen zur Anpassung der Qualifikation der Mitarbeiter an die gegenwärtigen und zukünftigen Anforderungen
  - Hierzu gehören Maßnahmen zur Aufrechterhaltung der Leistungsfähigkeit an der derzeitigen Position, Maßnahmen zur fortlaufenden Anpassung der Fähigkeiten und Kenntnisse an die wechselnden Anforderungen des Arbeitsplatzes sowie Maßnahmen zur Förderung im Hinblick auf die künftige Übernahme einer qualifizierteren Position
- **Welche Philosophie sollte hinter der Personalentwicklung/Personalförderung stehen?**
  - Aufstieg aus den eigenen Reihen als Bestandteil der Personalpolitik!
- **Welche Vor- und Nachteile hat diese Philosophie?**
  - Vorteile:
    - Motivation der Mitarbeiter
    - Geringere Beschaffungskosten
    - Bessere Betriebskenntnis
    - Bessere Beurteilung der Kenntnisse und Fähigkeiten
    - Schnellere Stellenbesetzung (?)
    - Einhaltung des Einkommensniveaus
    - Eröffnung von Aufstiegschancen

- Nachteile:
  - Geringere Auswahlmöglichkeiten
  - Fehlende neue Impulse zur „Blutauffrischung"
  - Keine „direkte" Deckung des Personalbedarfs (Lücke muss gefüllt werden)
- **Welche Voraussetzungen sind zu beachten?**
  - Kenntnis des künftigen Personalbedarfs (quantitativ und qualitativ)
  - Kenntnis des im Unternehmen vorhandenen Entwicklungspotentials (Potentialerfassung!)
  - Förderung von zu vielen Mitarbeitern führt zu Unzufriedenheit und Fluktuation, von zu wenig zu Neueinstellungen und Zusatzkosten
- **Was kann der Inhalt von Fördermaßnahmen sein?**
  - **Fachlicher Inhalt** z. B.
    - Datenverarbeitungs-Kenntnisse
    - Schulung zu neuen Produkten
    - Schulung in neuen Technologien
    - Arbeitsrecht
  - Arbeitstechniken, z. B.
    - Moderationstechnik
    - Terminplanung
    - Projektmanagement
  - Führungsfähigkeit, z. B.
    - Kommunikationstechnik
    - Konfliktlösungsfähigkeit
    - Personalbeurteilung
    - Teamarbeit
- **Welcher Art können die individuellen Fördermaßnahmen sein?**
  - Fortbildung am Arbeitsplatz (Training on the job)
  - Traineeprogramme
  - Gezielter Arbeitsplatzwechsel (job-rotation)
  - Interne und/oder externe Seminare
  - Übertragung von Sonderaufgaben
  - Projektmitarbeit
  - Tätigkeit als Assistent oder Stellvertreter
- **Gibt es speziell bei der Führungsnachwuchsförderung besondere Aspekte zu beachten?**
  - Ja!
  - Laufbahn- oder Potentialplanung:
    - Laufbahnplanung = gezielte Entwicklung auf eine konkrete Aufgabe (Position) hin

- Potentialplanung = Entwicklung auf eine bestimmte Hierarchieebene
  oder Funktion hin
- **Sind die Kosten der Personalentwicklung/-förderung wesentlich oder vernachlässigbar?**
  - Personalkosten und Sachkosten fallen nicht nur bei der beruflichen Grundausbildung, sondern auch bei der Personalentwicklung an (Personalkosten für Schulungsmaßnahmen, Ausfallende Arbeitszeit, Seminarkosten)
- **Sind betriebsverfassungsrechtliche Aspekte zu beachten?**
  - Der Betriebsrat hat ein Initiativrecht bei der Ermittlung des „Berufsbildungsbedarfs" sowie ein Beratungs- und Vorschlagsrecht in Fragen der Berufsbildung (BetrVG § 96).
  - Der Betriebsrat hat ein Mitbestimmungsrecht hinsichtlich der Einführung von Maßnahmen der betrieblichen Berufsbildung, wenn der Arbeitgeber Maßnahmen plant oder durchführt, auf Grund deren die beruflichen Kenntnisse und Fähigkeiten zur Erfüllung ihrer Aufgaben nicht mehr ausreichen (BetrVG § 97).

(3) Ergebnis
- Personalentwicklung und -förderung bilden einen unverzichtbaren Bestandteil der Personalpolitik eines Unternehmens. Grundsatz muss sein: Aufstieg aus den eigenen Reihen. Tendenziell muss die Personalentwicklung/-förderung antizyklisch konzipiert werden, da eine zeitlich ausgesetzte Personalentwicklung nicht wieder ausgeglichen werden kann.
- Beim Führungsnachwuchs ist der Potentialplanung der Vorzug vor einer Laufbahnplanung zu geben, da das Risiko hinsichtlich nicht kalkulierbarer Fluktuation und Fehleinschätzung des Entwicklungspotentials sehr hoch ist. Empfehlenswert ist die Einrichtung eines Förderkreises für Führungsnachwuchs.
- Grundsätzlich gilt: Förderung bedeutet noch keinen Anspruch auf Beförderung!
- Die Kosten für die Personalentwicklung/-förderung sollten sich an einer Größenordnung von 4–6 % des jährlichen Personaufwands orientieren.

(4) Randinformationen/Praxisbeispiele
Die deutsche Wirtschaft investiert jährlich durchschnittlich rund 1000 € in die Weiterbildung jedes ihrer Mitarbeiter. An der Spitze steht hierbei der Dienstleistungssektor.

Fallstudie 7: Vergütung

(1) Aufgabenstellung

Das Konzernunternehmen, in dessen Muttergesellschaft Sie tätig sind, hat in einem der neuen Bundesländer eine neue Tochtergesellschaft gegründet, in deren Montagewerk mehrere hundert Mitarbeiter beschäftigt werden sollen. Es ist nicht vorgesehen, mit diesem Werk dem Arbeitgeberverband beizutreten. Damit hat die neue Geschäftsleitung die Chance, hinsichtlich von Vergütungsgrundsätzen, Vergütungsstruktur und Vergütungsniveau neue Wege zu gehen. Die einzige Vorgabe der Muttergesellschaft lautet: „Vergütung als Führungsinstrument."

Machen Sie Ihrem Vorstand Vorschläge für die Einführung eines neuen Vergütungssystems.

Gehen Sie insbesondere auf folgende Fragen ein:

Welche Zielsetzungen verfolgen Sie mit einem neuen Vergütungssystem?

Welchen Stellenwert sollen die Aspekte Anreiz und Belohnung erhalten?

Wie wollen Sie den Gesichtspunkten Leistung, Erfolg und Flexibilität Rechnung tragen?

Denken Sie an Zielvereinbarungen und eine damit gekoppelte variable Vergütung?

Welche Vorstellungen haben Sie zum Vergütungsniveau?

(2) Grundsatzfragen

- **Was versteht man eigentlich unter Vergütung?**
  - Vergütung ist Entgelt für geleistete Arbeit oder Entgelt für die zur Verfügung gestellte Arbeitskraft
  - Vergütung im engeren Sinne ist die aktuelle monetäre Vergütung wie Lohn oder Gehalt
  - Vergütung im weiteren Sinne ist die aktuelle monetäre Vergütung
    - monetäre Zusatzleistungen (z. B. Lebensversicherungsprämien)
    - geldwerte Vorteile (z. B. Geschäftswagen)
    - Deferred Compensation (z. B. Altersversorgung)
- **An was orientiert sich die Vergütung überhaupt?**
  - An den Anforderungen des Arbeitsplatzes (Welches Wissen, welche Fähigkeiten und Eigenschaften braucht der Stelleninhaber, um die Aufgabe erfolgreich zu bewältigen?)
  - An der individuellen Leistung
- **Wie kann die Leistung definiert werden?**
  - Leistung ist entweder
    - Einsatz (als subjektiver Einsatz, persönliche Anstrengung, individuelles Bemühen = input) oder

- Ergebnis (als bewertungsneutrales, quantitativ oder qualitativ beschriebenes Resultat der Arbeit = output) oder
- Erfolg (als bewerteter Soll-Ist-Vergleich von Arbeitsergebnissen und Zielen)

• **Welche Probleme gibt es bei der Anforderungs- und Leistungsmessung?**
- Messung ist meist nicht möglich, daher Bewertung (Beurteilung)
- Hilfsgrößen bei den Anforderungen
  - erforderlicher Ausbildungsabschluss
  - Dauer der Einarbeit
- Hilfsgrößen bei der Leistung
  - Arbeitsverhalten
  - Leistungsmenge, Qualität

• **Gibt es standardisierte Bewertungsverfahren?**
- Ja; entweder analytische oder summarische Verfahren

• **Gibt es Besonderheiten beim Führen mit Zielen (Zielvereinbarungen)?**
- Ein Ziel ist ein angestrebtes Ergebnis, ein erwünschter Zustand, ein erwartetes Verhalten
- Ziele müssen anspruchsvoll, realistisch, erreichbar, individuell beeinflussbar, beschreib- und bewertbar sein

• **Welche Zielarten sind für Zielvereinbarungen geeignet?**
- Unternehmens-, Bereichs-, Individualziele
- Quantitative/qualitative Ziele
- Ergebnis-, Leistungsziele

• **Welche Grundprobleme gibt es bei der Vergütungsstruktur?**
- Es gibt 3 Problemkreise
  - Prozentualer Abstand zwischen den Vergütungsgruppen (Wie viel soll der nächst höher Qualifizierte verdienen?)
  - Bandbreiten innerhalb der einzelnen Vergütungsgruppen (Berücksichtigung von Leistungsunterschieden bei gleichwertigen Tätigkeiten)
  - Relation fester und variabler Vergütung

• **An was kann ich mich hinsichtlich des richtigen Vergütungsniveaus orientieren?**
- Tarifverträge
- Externe Einkommensvergleiche

• **Gibt es betriebsverfassungsrechtliche Aspekte zu beachten?**
- Ja!
  - Volle Mitbestimmung bei der betrieblichen Lohngestaltung (BetrVG § 87 (10) + (11))
  - Volle Mitbestimmung bei personellen Einzelmaßnahmen (BetrVG § 99)

Elemente einer integrierten Entgeltpolitik

Zeitpunkt	Höhe	Auszahlung[1]	Ausstattung
Long-Term-Incentives	Variabel	Einmalig	• Stock-Options • Deferred Income • Deferred Compensation
	Fix/ Variabel	Laufend	Betriebliche Altersvorsorge
Aktuelle Vergütung „Geldwerte Vorteile"	Variabel	Einmalig/ Laufend	• Betriebskasino • Gesundheitsvorsorge • Versicherungsprämien • Deputate • Geschäftswagen
Aktuelle Vergütung Monetäre Leistungen	Variabel	Einmalig	• Erfolgsprämie • Bonus • Tantieme • Leistungsprämie
	Fix	Einmalig	• 13. Gehalt (tariflich) • Weihnachtsgeld (tariflich) • Zusätzl. Urlaubsvergütung (tariflich)
	Variabel	Laufend	• Umsatz-, Abschluss-Provisionen
	Fix	Laufend	• Monatsgehalt/-lohn – Freiwillige Zulagen – Leistungszulagen – Tarifgehalt, -lohn

1 Laufend bedeutet dabei in der Regel *monatlich*, einmalig dagegen *jährlich*

– Darüber hinaus bei Leitenden Angestellten Unterrichtungspflicht hinsichtlich Arbeitsbedingungen und Beurteilungsgrundsätzen SprAuG § 30)
• **Gibt es tarifliche Aspekte zu beachten?**
  – Ja, sofern der Arbeitgeber tarifgebunden ist und seine Mitarbeiter Mitglied einer vertragsschließenden Gewerkschaft sind

Bewertung Führungsverhalten

	+	5	4	3	2	1	–	

Planung, Organisation, Delegation

Plant und disponiert gut. Setzt Prioritäten. Delegiert Aufgaben und die dazugehörige Kompetenzen. ☐ ☐ ☐ ☐ ☐ Setzt keine Prioritäten. Hält Termine nicht ein. Delegiert falsch (ohne Kompetenzen) oder nicht. Macht alles selbst oder delegiert nur, was er nicht selbst erledigen will.

Informationen, Kommunikation

Hält Infowege ein. Informiert rechtzeitig, vollständig und freiwillig. Kann mit allen kommunizieren. ☐ ☐ ☐ ☐ ☐ Informiert nicht oder zu spät oder unvollständig. Hält Infowege nicht ein. Kommunikation nur teilweise oder nicht vorhanden.

Zielsetzung und Motivation

Setzt klare und fordernde Ziele. Anerkennt gute Leistungen. Korrigiert konstruktiv. Unterstützt die Mitarbeiter in schwierigen Situationen. Kritisiert aufbauend. ☐ ☐ ☐ ☐ ☐ Unfähig, klare Ziele zu setzen. Anerkennt gute Leistungen nicht. Verletzt mit seiner Kritik. Unterstützt seine Mitarbeiter nicht.

Unternehmerisches Handeln

Führt und entscheidet zielorientiert. Erfolgreiche Zusammenarbeit mit anderen Abteilungen. Stellt Bewährtes in Frage. Stellt sich rasch auf verändernde Situationen ein. ☐ ☐ ☐ ☐ ☐ Stellt Eigeninteresse vor Firmeninteresse. Nur Abteilungsdenken. Opponiert grundsätzlich gegen Neues. Passt sich Veränderungen schlecht an.

Verantwortungsbewusstsein

Trifft notwendige Entscheidungen in seinem Kompetenzbereich. Geht verantwortbare Risiken ein. ☐ ☐ ☐ ☐ ☐ Entscheidet nicht oder überschreitet Kompetenzbereich. Geht keine oder unverantwortbare Risiken ein.

Förderung Mitarbeiter

Hilft Mitarbeitern, sich zu entwickeln und zu verbessern. Zeigt Interesse für ihre Zukunft. Erkennt und fördert ihr Potential. ☐ ☐ ☐ ☐ ☐ Zeigt kaum oder gar kein Interesse an seinen Mitarbeitern. Erkennt deren Potentiale nicht.

Vorbildfunktion des Vorgesetzten

Ist seinen Mitarbeitern in jeder Beziehung ein gutes Vorbild. Hält Team zusammen. ☐ ☐ ☐ ☐ ☐ Verlangt von seinen Mitarbeitern, was er nicht vorlebt. Ist seinen Mitarbeitern kein Vorbild.

Gesamtbewertung

☐ ☐ ☐ ☐ ☐

Zielvereinbarungen Beispiel: Produktentwicklung

Ziel/Maßnahmen/Zielerreichung	Gewichtung	Erledigungs-T.
Ziel 1: Einhaltung vorgegebener Entwicklungszeiten und -kosten	30 %	1.–4. Quartal
Maßnahmen: Ablauf und Teilnehmerkreis für Konzeptbesprechungen, Herstellbarkeitsbewertungen, Betriebs- und Prüfmittel festlegen. Abläufe und Verfahrensanweisungen vereinfachen unter Beachtung ISO TS 16949, Verkürzung der Entwicklungszeiten ggü. 2005 um durchschnittlich 3 Monate, Aufbau einer zeitechten Erfahrungsdatenbank.		Ende 1. Quartal Ende 2. Quartal Ende 4. Quartal Ende 2. Quartal
Ziel gilt als erreicht, wenn: • Entwicklungszeiten entsprechend reduziert sind • vorgegebene Kosten eingehalten wurden • Abläufe entspr. neu gestaltet wurden		

Zielerreichung und variable Vergütung – Zielkriterien/Gewichtung/ Bewertung –

Beispielrechnung: Variable Vergütung in % des Zieleinkommens

Bewertungsstufen	Sachziele (30 %)	Persönliche Ziele (30 %)	Unternehmensziele (40 %)	Variable Prämie Summe
Ziele weit übertroffen	12%	12%	16%	40%
Ziele übertroffen	9%	9%	12%	30%
Ziele voll erreicht	6%	6%	8%	20%
Ziel nicht voll erreicht	3%	3%	4%	10%
Ziele nicht erreicht	0%	0%	0%	0%

Bewertungskriterien

(3) Ergebnis

Ein Vergütungssystem muss
• Anreiz und Belohnung ermöglichen
• Als gerecht empfunden und akzeptiert werden
• Anforderungs- und leistungsorientiert sein
• Technisch/technologische und organisatorische Veränderungen berücksichtigen können

- Flexibel gehandhabt werden können
- Marktorientiert sein
- Einfach und transparent sein

(4) Randinformationen/Praxisbeispiele

Der betrieblichen Entgelt(Vergütungs-)politik steht eine breite Palette von Vergütungselementen zur Verfügung. An erster Stelle stehen nach wie vor die monetären Leistungen der aktuellen Vergütung. Bei den Führungskräften steigt jedoch die Bedeutung der variablen Vergütungsanteile sowie der geldwerten Vorteile, wie Geschäftswagen.

Das Führungsverhalten lässt sich eher bewerten als messen. Wichtig ist, dass innerhalb eines Unternehmens die gleichen Bewertungsmaßstäbe angelegt werden.

Zielvereinbarungen sollten innerhalb eines Unternehmens vergleichbar aufgebaut sein, um intern vergleichen zu können. Die Zieldefinition, die Definition des Zielerreichungsgrades, die Gewichtung der einzelnen Zielkriterien sowie die vereinbarten Erledigungstermine dürfen bei keiner Zielvereinbarung fehlen.

Zielvereinbarungen und variable Vergütung werden sinnvollerweise miteinander verknüpft. Bewertungsstufen und differenzierende Gewichtung der einzelnen Zielkriterien sind im vorhinein festzulegen, damit die Mitarbeiter wissen, welche variable Vergütung sie erreichen können.

Fallstudie 8: Personalcontrolling – Personalkostenanalyse als Ansatzpunkt für Kostensenkungen

(1) Aufgabenstellung

Nach mehreren Jahren eines starken Umsatzrückgangs und hoher Verluste hat Ihr Unternehmen in den letzten Geschäftsjahren einen kräftigen Umsatzzuwachs und ein außerordentlich gutes Unternehmensergebnis erzielt. Hiervon haben sowohl die Aktionäre in Form kräftiger Aktienkursgewinne und hoher Dividenden als auch die Mitarbeiter in Form von Sonderzahlungen profitiert.

Es zeigt sich aber in dieser Situation zunehmend, dass die jahrelang praktizierte Kostendisziplin langsam aber sicher schwächer wird. Der Vorstand hat daher beschlossen, im kommenden Jahr auf personelle Neueinstellungen zu verzichten und das derzeitige Kostenniveau zumindest zu halten. Dies gilt sowohl für die Materialkosten, die in der Automobilindustrie mehr als 50 % ausmachen, als auch für die Personalkosten, die eine Größenordnung von rund 30 % erreichen.

Ihr Vorstand möchte nunmehr von Ihnen wissen, welche Ansatzpunkte für Kostensenkungen Sie bei den Personalkosten sehen, falls wegen einer Er-

gebnisverschlechterung eine rasche Reduzierung der Personalkosten angestrebt werden muss.

Wie beurteilen Sie die Beeinflussbarkeit des Personal**basis**aufwands?

Welche Ansatzpunkte sehen Sie bei gegebener Personalkostenstruktur für
eine Senkung des Personal**zusatz**aufwands?

Wie beurteilen Sie in diesem Zusammenhang den Zeithorizont, innerhalb
dessen eine geplante Maßnahme wirksam werden kann?

(2) Grundsatzfragen

● **Was versteht man unter Personalbasiskosten?**
 – Personalbasiskosten sind die Vergütung für die tatsächlich geleistete Arbeit, d. h. für die Anwesenheit!

● **Was versteht man unter Personalzusatzkosten?**
 – Personalzusatzkosten sind personalbedingte und personalbezogene Aufwendungen
 – unabhängig von der tatsächlich geleisteten Arbeit (d. h. auch für Ausfallzeiten)

● **Welche gesetzliche, tarifliche und betriebliche Grundlagen haben die
 Personalkosten? (zumindest überwiegend)**

	Grundlagen		
	gesetzlich	tariflich	betrieblich
Personalbasiskosten		x	
Personalzusatzkosten			
● Urlaub		x	
● Feiertage	x		
● Krankheit	x		
● Ausfall-/Erholungszeiten		x	
● Sozialversicherung	x		
● Berufsgenossenschaft	x		
● Weihnachtsgeld		x	
● Sondervergütung		x	
● Vermögenswirks. Leistung		x	
● Zusätzl. Urlaubsvergütung		x	
● Altersversorgung			x
● Bildungsaufwand			x
● Kasino			x
● Werksarzt	x		

Inwieweit sind die Personalkosten kurz-, mittel-, oder langfristig beeinflussbar?

	Kurzfristig ohne Reduzierung des Personals	Mittelfristig ohne Reduzierung des Personals	Langfristig ohne Reduzierung des Personals
Personalbasiskosten	x	x	x
Personalzusatzkosten			
• Urlaub	–	–	–
• Feiertage	–	–	–
• Krankheit	–	–	–
• Ausfall-/Erholungszeiten	–	–	–
• Sozialversicherung	–	–	–
• Berufsgenossenschaft	–	–	–
• Weihnachtsgeld (tariflich)	–	–	x
• Sondervergütung	x	x	–
• Vermögenswirks. Leistung	–	–	x
• Zusätzl. Urlaubsvergütung	–	–	x
• Altersversorgung	–	–	–
• Bildungsaufwand	x	x	–
• Kasino	–	x	x
• Werksarzt	–	–	

- **Welche konkreten Ansatzpunkte bieten sich damit für eine rasche Reduzierung der Personalbasiskosten?**
  - Ohne eine Reduzierung der Personalzahlen:
    - Reduzierung/Streichung von Überzeit (auch durch flexible Arbeitszeitgestaltung)
    - Vermehrte Teilzeit
    - Altersteilzeit
    - Kurzarbeit
  - Mit einer Reduzierung der Personalzahlen:
    - Versetzungen
    - Nicht-Ersatz der Fluktuation
    - Freiwillige Aufhebungsvereinbarungen
    - Vorruhestandsregelungen
    - Kündigungen

(3) Ergebnis

- Eine Senkung der Personalkosten bei unveränderter Mitarbeiterzahl ist nur in kleinerem Umfang – und dabei meist nur mittel- bis langfristig – möglich. Gesetzliche und tarifliche Regelungen stehen einer raschen Personalkostensenkung meist im Wege. Ansatzpunkte sind – neben den verschiedenen

Formen der Arbeitszeitreduzierung – in erster Linie die auf betrieblicher Grundlage basierenden Regelungen wie freiwillige oder übertarifliche Lohn- und Gehaltszulagen, betriebliche Sonderzahlungen wie Erfolgsprämien oder die Aufwendungen für die betriebliche Aus- und Weiterbildung.

- Eine nachhaltige Senkung der Personalkosten ist aber meist nur zu erreichen über eine Reduzierung der Mitarbeiterzahlen. Dadurch sinken sowohl die Personalbasis- als auch die Personalzusatzkosten.

(4) Randinformationen/Praxisbeispiele

Deutschland ist im internationalen Vergleich der Arbeitskosten in der Spitzengruppe zu finden. Ausschlaggebend hierfür sind in erster Linie die Personalzusatzkosten, nicht das sog. Direktentgelt bzw. Personalbasiskosten.

Die Personalzusatzkosten erreichen in nicht wenigen Unternehmen die Höhe des Basisaufwands. D. h., die Unternehmen wenden für jeden € für geleistete Arbeitszeit mehr als einen weiteren € für Ausfallzeiten, Sozialausgaben, Sonderzahlungen und die betriebliche Altersversorgung auf. Die Mehrzahl dieser Kostenarten ist gesetzlich oder tariflich geregelt, sodass eine Reduzierung der Personalkosten am schnellsten und wirksamsten durch eine Reduzierung der Zahl der Mitarbeiter zu erreichen ist.

Fallstudie 9: Personalanpassung – Interessenausgleich/ Sozialplan

(1) Aufgabenstellung

Obwohl Ihr Unternehmen schon seit Monaten versucht, dem schwachen Auftragseingang mit der Streichung von Überstunden, der Einführung von Kurzarbeit und einer Einstellsperre zu begegnen, zeigt sich am niedrigen Auftragsbestand und an der negativen Ergebnisentwicklung, dass diese Maßnahmen nicht ausreichen.

Nach Ansicht Ihres Vorstands ist eine Reduzierung der Belegschaft um rund 20 % erforderlich, was ohne einen Interessenausgleich/Sozialplan nicht möglich sein wird.

- Welche Maßnahmen müssen Sie im Vorfeld der Verhandlungen mit Ihrem Betriebsrat ergreifen, welche Zeitachse ist hierfür erforderlich?
- Welche Eckpunkte legen Sie Ihrem Entwurf zugrunde, welcher aus Ihrer Sicht die Verhandlungsgrundlage mit Ihrem Gesamtbetriebsrat bilden soll?

(2) Grundsatzfragen

- **Was versteht man unter einem Interessenausgleich?**
  - Der Interessenausgleich ist eine Vereinbarung zwischen der Unternehmensleitung und dem Betriebsrat über geplante wirtschaftliche Maßnahmen (BetrVG § 112).

- Diese Vereinbarung beschränkt sich auf die Fragestellung, wie viel Mitarbeiter wann, wo und wie abgebaut werden sollen.

• **Was versteht man unter einem Sozialplan?**
- Der Sozialplan ist eine Vereinbarung zwischen der Unternehmensleitung und dem Betriebsrat über den Ausgleich, zumindest aber die Minderung der wirtschaftlichen Nachteile, die den Mitarbeitern durch den Verlust ihres Arbeitsplatzes entstehen (BetrVG § 112/112 a) – konkret über die Abfindungshöhe sowie die soziale Auswahl bei Kündigungen.

• **Was versteht man unter einem Nachteilsausgleich?**
- Falls die Unternehmensleitung ohne zwingenden Grund von den getroffenen Vereinbarungen im Interessenausgleich abweicht, entscheidet das Gericht über die Höhe der fällig werdenden Abfindungen (BetrVG § 113).

• **Was versteht man überhaupt unter „wirtschaftlichen Maßnahmen"?**
- Wirtschaftliche Maßnahmen bestehen aus Betriebsänderungen. Als Betriebsänderungen gelten die Einschränkung, Stilllegung oder Verlegung des ganzen Betriebs oder von wesentlichen Betriebsteilen, der Zusammenschluss mit anderen Betrieben oder die Spaltung von Betrieben, grundlegende Änderungen der Betriebsorganisation sowie die Einführung grundlegend neuer Arbeitsmethoden und Fertigungsverfahren (BetrVG § 111).

• **Gibt es gesetzliche Regelungen über den Ablauf?**
- Ja! Führen die Verhandlungen zwischen Unternehmensleitung und Betriebsrat zu keinem Ergebnis, ist zunächst die Bundesagentur für Arbeit als „Schlichter" einzuschalten; sind auch diese Vermittlungsgespräche ohne Erfolg, können beide Seiten die Einigungsstelle anrufen.

• **Gibt es rechtliche Unterschiede zwischen einem Interessenausgleich und einem Sozialplan?**
- Ja! Ein Interessenausgleich ist rechtlich nicht erzwingbar. Dies bedeutet, dass die Unternehmensleitung die geplanten wirtschaftlichen Maßnahmen einseitig beschließen und durchführen kann. Der Betriebsrat hat damit keine Möglichkeiten mehr, auf das Wieviel, Wann, Wo und wie Einfluss zu nehmen.
- Ein Sozialplan dagegen ist rechtlich erzwingbar. Der Spruch der Einigungsstelle ersetzt die Einigung zwischen Arbeitgeber und Betriebsrat – konkret über die Höhe der Abfindungen sowie die Grundsätze der sozialen Auswahl.
- Ein Nachteilsausgleich ist beim Arbeitsgericht einklagbar.

• **Was versteht an unter „sozialer Auswahl"?**
- Ist einem Arbeitnehmer aus dringenden betrieblichen Erfordernissen gekündigt worden, so ist die Kündigung sozial ungerechtfertigt, wenn der

Arbeitgeber bei der Auswahl des Arbeitnehmers die Dauer der Betriebszugehörigkeit, das Lebensalter, die Unterhaltspflichten und die Schwerbehinderung des Arbeitnehmers nicht oder nicht ausreichend berücksichtigt hat. In die soziale Auswahl sind Arbeitnehmer nicht einzubeziehen, deren Weiterbeschäftigung, insbesondere wegen ihrer Kenntnisse, Fähigkeiten und Leistungen zur Sicherung einer ausgewogenen Personalstruktur des Betriebes, im berechtigten betrieblichen Interesse liegt (KSchG § 1).

(3) Ergebnis

• Hinsichtlich des Abschlusses eines Interessenausgleichs/Sozialplans ist ein Abschluss in freien Verhandlungen der Anrufung der Einigungsstelle in jedem Falle vorzuziehen. Zeigt es sich jedoch im Laufe der Verhandlungen, dass diese zu keinem annehmbaren Ergebnis – oder erst nach einer nicht akzeptablen Verhandlungsdauer zu einem Ergebnis führen –, sollte der Weg über die Einigungsstelle nicht gescheut werden. Jede zeitliche Verzögerung verzögert die Umsetzung der geplanten wirtschaftlichen Maßnahme.

• Im Vorfeld solcher Verhandlungen kommt der Information eine entscheidende Rolle für den Erfolg der geplanten Maßnahme zu.

– Zur internen Informationsschiene gehören – zeitlich aufeinander abgestimmt – der Aufsichtsrat, der Wirtschaftsausschuss, der Betriebsrat, der Sprecherausschuss der Leitenden Angestellten und schließlich die Belegschaft selbst.

– Zur externen Informationsschiene gehören der Arbeitgeberverband, die Bundesagentur für Arbeit, die Presse und schließlich auch noch die Politik.

– Bei der „sozialen Auswahl" steht zunächst der Qualifikationsvergleich der Mitarbeiter hinsichtlich Ausbildung und Erfahrung im Vordergrund, ehe dann bei gleicher Qualifikation die Auswahl der freizustellenden Mitarbeiter nach sozialen Kriterien erfolgt.

– Die sozialen Kriterien sind jeweils zu gewichten, wobei die folgenden Werte als Richtschnur gelten können:

Betriebszugehörigkeit	pro Jahr 2 Punkte
Lebensalter	pro Jahr 2 Punkte
Schwerbehinderung	ab 50 % 10 Punkte
Unterhaltspflichten	pro Kind 5 Punkte

– Die Untergrenze für die Abfindung beträgt ein halbes Monatseinkommen für jedes Beschäftigungsjahr (KSchG § 1 a).

– Je rascher eine Personalanpassung erfolgen kann, desto schneller ergibt sich eine Reduzierung der Personalkosten. In einem Interessenausgleich sind daher sinnvollerweise betriebsbedingten Kündigungen freiwillige

Aufhebungsvereinbarungen voranzustellen. Diese sind – um attraktiv zu sein – mit höheren Abfindungszahlungen auszustatten.

(4) Randinformationen/Praxisbeispiele

Die sozialen Kriterien sind zwar gesetzlich vorgegeben, ihre Gewichtung ist jedoch dem einzelnen Unternehmen zu überlassen. Insofern spiegelt sich in deren Gewichtung die jeweilige Unternehmensphilosophie wider.

Fallstudie 10: Betriebliche Altersversorgung

(1) Aufgabenstellung

Vor dem Hintergrund der demographischen Entwicklung, die nach dem Jahre 2010 ein erheblich zurückgehendes Arbeitskräfteangebot bringen wird, überlegt sich Ihre Geschäftsleitung die Einführung einer betrieblichen Altersversorgung, um das Unternehmen am Arbeitsmarkt langfristig attraktiver zu machen.

Welche grundsätzlichen Überlegungen stellen Sie dazu an?

• Betrachten Sie die Themenstellung vor allem unter den Gesichtspunkten

  – Rechtsform
  – Höhe der Versorgungsleistungen
  – Struktur der Versorgungsleistungen
  – Einzubeziehender Mitarbeiterkreis
  – Finanzierung
  – Risiken.

• Würden Sie die Neueinführung einer betrieblichen Altersversorgungsregelung zum heutigen Zeitpunkt überhaupt empfehlen?

(2) Grundsatzfragen

• **Was ist unter der „3-Säulen-Theorie" zu verstehen?**

  – Die Vorsorge für das Alter beruht in der Regel auf 3 Säulen:
    – Der gesetzlichen Rente (Sozialversicherung),
    – der Betriebsrente,
    – und der Eigenvorsorge.
  – Betriebsrente und Eigenvorsorge werden umso wichtiger, je stärker die gesetzliche Rente gesenkt wird.

• **Welche Aspekte sprechen für die Einführung einer betrieblichen Altersversorgung?**

  – Der Fürsorgegedanke
  – Die Anreizwirkung für potentielle Bewerber
  – Die Bindungswirkung für Mitarbeiter
  – Der Charakter der betrieblichen Altersversorgung als „2. Lohn" (zusätzliches Entgelt)

- **Was verbirgt sich hinter dem Begriff der Betriebsrente (des Ruhegelds)?**
  - Es sind freiwillige finanzielle Leistungen des Arbeitgebers an ehemalige Mitarbeiter nach Beendigung der aktiven Berufstätigkeit.
- **Was versteht man unter dem „Versorgungsfall"?**
  - Das Alter (die Altersrente)
  - Die Invalidität (die Invaliditätsrente)
  - Den Tod (die Witwen-, Witwer- und Waisenrenten als sog. Hinterbliebenenrenten)
- **Welche rechtlichen Gestaltungsmöglichkeiten gibt es für die betriebliche Altersversorgung, und in was unterscheiden sich die einzelnen Regelungen?**
  - Unterstützungskasse (GmbH/e. V.)
    - Mitarbeiter erwirbt keinen Rechtsanspruch
    - Finanzierung durch das Unternehmen erst zum Zeitpunkt der Rentenzahlung
  - Pensionskasse (VvaG – Versicherungsverein auf Gegenseitigkeit)
    - Mitarbeiter erwirbt einen Rechtsanspruch
    - Vorausfinanzierung seitens des Unternehmens durch Einzahlungen an die Pensionskasse und dadurch Mittelabfluss bereits vor Beginn der Rentenzahlung
  - Lebensversicherung
    - Mitarbeiter erwirbt einen Rechtsanspruch
    - Vorausfinanzierung seitens des Unternehmens durch Zahlung der Versicherungsprämien und dadurch Mittelabfluss bereits vor Beginn der Rentenzahlung
  - Pensionszusage („Direktzusage")
    - Mitarbeiter erwirbt einen Rechtsanspruch
    - Bildung von steuerlich wirksamen Rückstellungen mit Passivierungspflicht; Mittelabfluss erst zum Zeitpunkt der Rentenzahlung
  - Pensionsfonds
    - Mitarbeiter erwirbt einen Rechtsanspruch
    - Vorausfinanzierung seitens des Unternehmens durch Einzahlungen an die Pensionskasse und dadurch Mittelabfluss bereits vor Beginn der Rentenzahlung
- **Welche Möglichkeiten gibt es für die Gestaltung des betrieblichen Versorgungssystems?**
  - Orientierung der späteren Versorgungsleistungen am Einkommen des Mitarbeiters
    - Vorteil für den Mitarbeiter: Er kann im Voraus berechnen, welche Ren-

te er erhält (abhängig vom Einkommen zum Zeitpunkt des Versorgungsfalls sowie der Dienstzeit)
- Nachteil für das Unternehmen: Die Finanzierung wird weitgehend unkalkulierbar
- Bildung von sog. Versorgungsbausteinen
- Kriterien: Das Unternehmen stellt jährlich einen bestimmten %-Satz des Jahreseinkommens für die betriebliche Altersversorgung zur Verfügung – abhängig von der jeweiligen Ertragslage
- Vorteil für das Unternehmen: Risikoreduzierung, da die späteren Versorgungsleistungen voll vorfinanziert sind
- Nachteil für den Mitarbeiter: Sein späteres Ruhegeld bleibt zwar einkommensabhängig, ist aber nicht mehr auf sein „Endeinkommen" abgestellt, sondern auf sein Gesamteinkommen während seiner beruflichen Tätigkeit

• **Welche gesetzlichen Reglungen sind zu beachten?**
- Es bleibt eine autonome unternehmerische Entscheidung, ob ein Unternehmen eine betriebliche Altersversorgung einführt oder nicht.
- Entscheidet sich jedoch ein Unternehmen für eine betriebliche Altersversorgung, hat der Betriebsrat ein Mitbestimmungsrecht über die Form, die Ausgestaltung und die Verwaltung derselben (als betriebliche Sozialeinrichtung) gemäß BetrVG § 87 (8).
- Darüber hinaus gilt es, die Regelungen des „Gesetzes zur Verbesserung der betrieblichen Altersversorgung" (BetrAVG) bezüglich der sog. Unverfallbarkeit der Renten (§ 1), der Insolvenzsicherung (§ 7) sowie der Anpassung der laufenden Renten an die Geldentwertung (§ 16) zu beachten.

(3) Ergebnis
• Da die Einführung einer betrieblichen Altersversorgung erhebliche finanzielle Mittel erfordert und das Unternehmen über Jahrzehnte bindet und verpflichtet, ist eine Entscheidung über eine Einführung gut abzuwägen.
• Für eine Einführung spricht weniger der Fürsorgegedanke als vielmehr die Erhöhung der Attraktivität als Arbeitgeber für potentielle künftige und für die bereits im Hause tätigen Mitarbeiter.
• Betriebliche Altersversorgung bedeutet zusätzliche Personalkosten. Unternehmen mit einer nachhaltig schlechten Ertragslage sollten daher besser davon Abstand nehmen. Unternehmen mit einer guten Ertragslage sollten das neue Versorgungssystem so gestalten, dass die finanziellen Risiken beherrschbar bleiben. Dies ist bei einkommensabhängigen Systemen nicht der Fall. Daher sollte das System der Versorgungsbausteine gewählt werden.

(4) Randinformationen/Praxisbeispiele

Bei der Dotierung der betrieblichen Altersversorgung bestehen erhebliche Unterschiede, einerseits hinsichtlich der Besteuerung der Dotierung, andererseits hinsichtlich der Beitragspflicht in der Sozialversicherung.

Besteuerung der Dotierung der betrieblichen Altersversorgung

Direktzusage	Unterstützungskasse	Direktversicherung	Pensionskasse	Pensionsfonds
keine Besteuerung der Dotierung; keine Obergrenze			Dotierung bis 4 % der BBG steuerfrei nach § 3 Nr. 63 EStG	
		pauschale Lohnsteuer nach § 40b EStG		
		Dotierung für nach § 10a EStG geförderte Entgeltumwandlung wird individuell lohnversteuert; Förderung durch Zulagen/Sonderausgabenabzug		

Beitragspflicht der Dotierung der betrieblichen Altersversorgung

Direktzusage	Unterstützungskasse	Direktversicherung	Pensionskasse	Pensionsfonds
Arbeitgeberbeiträge generell beitragsfrei; bei Entgeltumwandlung ist Dotierung bis 2008 bis zu 4 % der BBG beitragsfrei			Arbeitgeberbeiträge bis 4 % der BBG beitragsfrei; bei Entgeltumwandlung ist Dotierung bis 2008 bis zu 4 % der BBG beitragsfrei, soweit nicht gefördert	
		pauschal besteuerte Beiträge beitragsfrei, wenn zusätzlich zu Lohn/Gehalt; Entgeltumwandlung bis 2008 beitragsfrei möglich		
		Nach § 10a EStG geförderte Beiträge sind immer beitragspflichtig		

Kapitel 17. Das kleine 1 x 1 des Arbeitsrechts[1]

Vorbemerkung

Das Arbeitsrecht mit seinen beiden Bestandteilen des individuellen und kollektiven Arbeitsrechts stellt keine leicht zu durchschauende und zu erfassende Materie dar. Gesetze und Tarife als Grundlage des kollektiven und individuellen Arbeitsrechts regeln nicht nur komplexe Tatbestände, sondern sind darüber hinaus – leider – häufig in einer für den juristischen Laien schwer verständlichen Juristensprache abgefasst. Nichts gegen juristische Formulierungen – sie sind viel exakter als die meisten Formulierungen von Kaufleuten und Technikern. Nur was damit gemeint ist, bleibt dem juristischen Laien nicht selten verborgen. Deshalb ist es besser, dieses Feld in erster Linie den Arbeitsrechtlern zu überlassen.

Nachdem jedoch nicht in jedem Unternehmen ein Arbeitsrechtler tätig ist, arbeits-rechtliche Tatbestände die Führungskräfte jedoch beinahe täglich bei ihren personellen und personenbezogenen Entscheidungen tangieren, sollten die Führungskräfte zumindest ein Grundwissen des Arbeitsrechts haben. Nicht, um unbedingt selbst aktiv zu werden, sondern um zu erkennen, in welchem Fall sie einen Fachmann einschalten sollten. Es geht also primär nicht um das Können, sondern um das Kennen oder Wissen.

Deshalb werden im folgenden Kapitel Hinweise auf einige wichtige arbeitsrechtliche Regelungen gegeben.

Die Ausführungen darüber gelten, soweit sie das Betriebsverfassungsgesetz betreffen, nur für solche Mitarbeiter eines Unternehmens, die unter den Geltungsbereich dieses Gesetzes fallen. Leitende Mitarbeiter im Sinne des § 5, Absatz 3 des BetrVG unterliegen den Rechtsvorschriften des SprAuG. Der persönliche Geltungsbe-

---

1 Erläuterungen: AÜG = Arbeitnehmerüberlassungsgesetz; AGG = Allgemeines Gleichbehandlungsgesetz; ArbZG = Arbeitszeitgesetz; BetrVG = Betriebsverfassungsgesetz; BGB = Bürgerliches Gesetzbuch; KSchG = Kündigungsschutzgesetz; MitbestG = Mitbestimmungsgesetz; MuSchG = Mutterschutzgesetz; SGB = Sozialgesetzbuch; SprAuG = Sprecherausschussgesetz; TVG = Tarifvertragsgesetz.

reich bestimmter Tarifverträge wiederum ist meist nicht identisch mit der Abgrenzung des BetrVG. Dies bedeutet, dass bestimmte Führungskräfte von tarifvertraglichen Regelungen nicht erfasst werden, obwohl sie auch keine Leitenden Angestellten im Sinne des BetrVG sind.

Generelle Aussagen zur Abgrenzung des Geltungsbereichs einzelner Gesetzesvorschriften oder Tarifverträge sind schwierig. Die konkrete Abgrenzung muss daher im Einzelfall erfolgen. Einen groben Überblick über die verschiedenen Abgrenzungskriterien von Führungskräften gibt die Abbildung 1 auf Seite 8.

▶ **Änderungskündigung** siehe Kündigung

▶ **Arbeitnehmer**

Arbeitnehmer (Arbeitnehmerinnen und Arbeitnehmer) im Sinne dieses Gesetzes (d. i. das BetrVG) sind Arbeiter und Angestellte, einschließlich der zu ihrer Berufsausbildung Beschäftigten, unabhängig davon, ob sie im Betrieb, im Außendienst oder mit Telearbeit beschäftigt werden. BetrVG § 5 (1).

Unter Arbeitern und Angestellten (einschließlich Heimarbeitern) werden dabei alle in der Arbeiterrenten- oder Angestelltenversicherung aufgeführten Tätigkeiten verstanden – auch wenn der einzelne Arbeiter oder Angestellte nicht versicherungspflichtig ist. Für sie gelten damit die Rechtsvorschriften des Betriebsverfassungsgesetzes. Dieses Gesetz findet dagegen keine Anwendung auf Leitende Angestellte (siehe Leitende Angestellte).

▶ **Auswahlrichtlinien**

Richtlinien über die personelle Auswahl bei Einstellungen, Versetzungen, Umgruppierungen und Kündigungen bedürfen der Zustimmung des Betriebsrats. § 95 (1) BetrVG.

Sind in einem Unternehmen solche Richtlinien vereinbart, sind sie für den betreffenden Betrieb verbindlich. Im Gegensatz zur betriebsspezifischen Vorgehensweise bei der internen Ausschreibung von Arbeitsplätzen werden Auswahlrichtlinien meist unternehmensweit einheitlich zwischen der Unternehmensleitung und dem Gesamtbetriebsrat vereinbart. Eine unternehmenseinheitliche Auswahlrichtlinie macht insofern Sinn, als nicht zuletzt im Hinblick auf interne Versetzungen einheitliche Maßstäbe bei der Stellenbesetzung beinahe zwingend sind.

▶ Arbeitsentgelt

Gemäß § 87 (4), (10) und (11) des Betriebsverfassungsgesetzes besteht für Arbeitsentgelte eine volle Mitbestimmung des Betriebsrats.

Darüber hinaus regeln zahlreiche Vergütungstarifverträge die Mitwirkung des Betriebsrats in Entgeltfragen. Dies gilt u. a. für die Verfahren der Arbeits- und Leistungsbewertung, die jährliche Überprüfung von Leistungszulagen, den Leistungszulagendurchschnitt, betriebliche Tätigkeitsbeispiele, die Einsetzung einer paritätischen Eingruppierungskommission oder die Gestaltung von Gruppenarbeit.

▶ Arbeitsunfähigkeit wegen Krankheit

Wird ein Arbeitnehmer durch Arbeitsunfähigkeit infolge Krankheit an seiner Arbeitsleistung verhindert, ohne dass ihn ein Verschulden trifft, so hat er Anspruch auf Entgeltfortzahlung im Krankheitsfall durch den Arbeitgeber für die Zeit der Arbeitsunfähigkeit bis zur Dauer von sechs Wochen. EntgeltfortzahlungsG § 3.

Dieser Grundsatz der Lohnfortzahlung im Krankheitsfalle wird in zahlreichen Tarifverträgen zugunsten der Arbeitnehmer verbessert. So sehen viele Tarifverträge bei längerer Betriebszugehörigkeit eine Verlängerung der Entgeltfortzahlung über die sechs Wochen hinaus vor.

Tarifvertraglich geregelt ist häufig auch die Verpflichtung der Arbeitnehmer, dem Arbeitgeber unverzüglich, in der Regel an dem der Erkrankung folgenden Arbeitstag, die Arbeitsunfähigkeit mitzuteilen. Dauert eine Arbeitsunfähigkeit länger als 3 Tage, ist der Arbeitnehmer verpflichtet, eine ärztliche Arbeitsunfähigkeitsbescheinigung vorzulegen.

▶ Arbeitsvertrag

Tarifliche Regelungen sehen meist einen schriftlichen Arbeitsvertrag vor.

Aus einem solchen Arbeitsvertrag müssen ersichtlich sein:
• die Tätigkeit

- Abteilung/Arbeitsplatz/Arbeitsbereich/Arbeitsort
- die individuelle regelmäßige wöchentliche Arbeitszeit
- der Entlohnungsgrundsatz (Zeit-, Akkordlohn, Monatsgehalt)
- die Lohn- oder Gehaltsgruppe
- eine mögliche Leistungszulage

Eine Probezeit bedarf ebenfalls einer schriftlichen Vereinbarung.

▶ **Arbeitszeit**

Die werktägliche Arbeitszeit der Arbeitnehmer darf acht Stunden nicht überschreiten. Sie kann auf bis zu zehn Stunden nur verlängert werden, wenn innerhalb von sechs Kalendermonaten oder innerhalb von 24 Wochen im Durchschnitt acht Stunden werktäglich nicht überschritten werden. ArbZG § 3.

Die Arbeit ist durch im Voraus feststehende Ruhepausen von mindestens 30 Minuten bei einer Arbeitszeit von mehr als sechs bis zu neun Stunden und 45 Minuten bei einer Arbeitszeit von mehr als neun Stunden insgesamt zu unterbrechen. Die Ruhepausen nach Satz 1 können in Zeitabschnitten von jeweils mindestens 15 Minuten aufgeteilt werden. Länger als sechs Stunden hintereinander dürfen Arbeitnehmer ohne Ruhepausen nicht beschäftigt werden. ArbZG, § 4.

Diese Rahmenbestimmungen in Verbindung mit der vollen Mitbestimmung des Betriebsrats bei der Festlegung der Lage und der Verteilung der Arbeitszeit in § 87 Absatz (1), Ziffer 2 des BetrVG bilden die Grundlage für die zahlreichen branchen- oder regionenspezifischen Tarifverträge, die wiederum als Basis für Betriebsvereinbarungen mit unternehmensspezifischen Regelungen dienen.

▶ **Arbeitsablauf** siehe Arbeitsplatzgestaltung

▶ **Arbeitsplatzgestaltung**

Der Arbeitgeber hat den Betriebsrat über die Planung
1. von Neu-, Um- und Erweiterungsbauten von Fabrikations-, Verwaltungs- und sonstigen betrieblichen Räumen,
2. von technischen Anlagen,
3. von Arbeitsverfahren und Arbeitsabläufen oder
4. der Arbeitsplätze
rechtzeitig unter Vorlage der erforderlichen Unterlagen zu unterrichten.

Der Arbeitgeber hat mit dem Betriebsrat die vorgesehenen Maßnahmen und ihre Auswirkungen auf die Arbeitnehmer, insbesondere auf die Art ihrer

Arbeit sowie die sich daraus ergebenden Anforderungen an die Arbeitnehmer, so rechtzeitig zu beraten, dass Vorschläge und Bedenken des Betriebsrats bei der Planung berücksichtigt werden können. BetrVG § 90 (1) und (2).

Diese Informations- und Beratungsrechte des Betriebsrats sind im Grunde genommen beinahe allumfassend, nachdem es so gut wie keine Veränderungen in der Aufbau- oder Ablauforganisation gibt, bei denen eine der genannten Sachverhalte zutrifft.

▶ Arbeitsschutz

Der Betriebsrat hat sich dafür einzusetzen, dass die Vorschriften über den Arbeitsschutz und die Unfallverhütung im Betrieb sowie über den betrieblichen Umweltschutz durchgeführt werden.

Der Arbeitgeber ist ... verpflichtet, den Betriebsrat oder die von ihm bestimmten Mitglieder des Betriebsrats bei allen im Zusammenhang mit dem Arbeitsschutz oder der Unfallverhütung stehenden Besichtigungen und Fragen und bei Unfalluntersuchungen hinzuziehen. Der Arbeitgeber hat dem Betriebsrat ... unverzüglich die den Arbeitsschutz, die Unfallverhütung und den betrieblichen Umweltschutz betreffenden Auflagen und Anordnungen ... mitzuteilen. BetrVG § 89 (1) und (2).

Fragen der Unfallverhütung und des Gesundheitsschutzes ist vom Gesetzgeber zu Recht eine hohe Priorität eingeräumt worden, um durch die Vermeidung von Risiken und Gefahren am Arbeitsplatz und in der Arbeitsumgebung dem Mitarbeiter weder körperlich noch geistig zu schaden. In diesem Zusammenhang kommt auch dem Betriebsärztlichen Dienst eine zentrale Aufgabe zu bei der Förderung des körperlichen, geistigen und sozialen Wohlbefindens, zum Schutz vor Überforderung und der Gefahr gesundheitsgefährdender Stoffe sowie der Sorge für einen Ausgleich von Belastung und Belastbarkeit.

▶ Abteilungsversammlungen siehe Betriebsversammlungen

▶ Belegschaftsversammlungen siehe Betriebsversammlungen

▶ Berufsbildung

Arbeitgeber und Betriebsrat haben im Rahmen der betrieblichen Personalplanung und in Zusammenarbeit mit den für die Berufsbildung und den für die Förderung der Berufsbildung zuständigen Stellen die Berufsbildung der Arbeitnehmer zu fördern. Der Arbeitgeber hat auf Verlangen des Betriebsrats den Berufsbildungsbedarf zu ermitteln und mit ihm Fragen der Berufsbildung der Arbeitnehmer des Betriebs zu beraten. Hierzu kann der Betriebsrat Vorschläge machen. BetrVG § 96 (1)

Arbeitgeber und Betriebsrat haben darauf zu achten, dass unter Berücksichtigung der betrieblichen Notwendigkeiten den Arbeitnehmern die Teilnahme an betrieblichen oder außerbetrieblichen Maßnahmen der Berufsbildung ermöglicht wird. Sie haben dabei auch die Belange älterer Arbeitnehmer, Teilzeitbeschäftigter und von Arbeitnehmern mit Familienpflichten zu berücksichtigen. BetrVG § 96 (2)

Der Arbeitgeber hat mit dem Betriebsrat über die Errichtung und Ausstattung betrieblicher Einrichtungen zur Berufsbildung, die Einführung betrieblicher Berufsbildungsmaßnahmen und die Teilnahme an außerbetrieblichen Berufsbildungsmaßnahmen zu beraten. BetrVG § 97(1)

Der Betriebsrat hat bei der Durchführung von Maßnahmen der betrieblichen Berufsbildung mitzubestimmen. BetrVG § 98 (1)

Der Betriebsrat kann der Bestellung einer mit der Durchführung der betrieblichen Berufsbildung beauftragten Person widersprechen oder ihre Abberufung verlangen, wenn diese die persönliche oder fachliche, insbesondere die berufs- und arbeitspädagogische Eignung im Sinne des Berufsbildungsgesetzes nicht besitzt oder ihre Aufgaben vernachlässigt. BetrVG § 98 (2)

Führt der Arbeitgeber betriebliche Maßnahmen der Berufsbildung durch oder stellt er für außerbetriebliche Maßnahmen der Berufsbildung Arbeitnehmer frei oder trägt er die durch die Teilnahme von Arbeitnehmern an solchen Maßnahmen entstehenden Kosten ganz oder teilweise, so kann der Betriebsrat Vorschläge für die Teilnahme von Arbeitnehmern oder Gruppen von Arbeitnehmern an diesen Maßnahmen der beruflichen Bildung machen. BetrVG § 99 (3)

Fragen der Berufsbildung nehmen im Betriebsverfassungsgesetz einen hohen Stellenwert ein – zu Recht, wenn man die Bedeutung der Aus- und Weiterbildung im Rahmen der Personalentwicklung eines Unternehmens betrachtet. Das praktisch ausgeübte Recht bleibt im Unternehmensalltag allerdings erheblich unter dem formal möglichen zurück, mit der Folge eines erhöhten Spielraums für unternehmensseitige Entscheidungen.

Zu berücksichtigen ist in diesem Zusammenhang, dass zahlreiche Tarifverträge weitergehende verpflichtende Regelungen für die berufliche Weiterbildung enthalten. So sieht ein Metalltarifvertrag vor, dass der Arbeitgeber mit dem Betriebsrat einmal jährlich über den ermittelten Qualifikationsbedarf sowie über die geplanten Qualifizierungsmaßnahmen zu beraten hat. Die Kosten der Qualifizierungsmaßnahmen sind vom Arbeitgeber zu tragen.

▶ Beurteilungsgrundsätze

Personalfragebogen bedürfen der Zustimmung des Betriebsrats. BetrVG § 94 (1). Absatz (1) gilt entsprechend ... für die Aufstellung allgemeiner Beurteilungsgrundsätze. BetrVG § 94 (2)

Dies bedeutet nicht, dass der Betriebsrat die Aufstellung von Beurteilungsgrundsätzen verlangen kann, es sei denn, dass diese tarifvertraglich vereinbart werden müssen. Dies bedeutet vielmehr, dass Beurteilungsgrundsätze, wenn sie auf Initiative des Arbeitgebers eingeführt werden sollen, nur mit Zustimmung des Betriebsrats eingeführt werden können.

▶ Betriebsversammlung

Der Betriebsrat hat einmal in jedem Kalendervierteljahr eine Betriebsversammlung einzuberufen und in ihr einen Tätigkeitsbericht zu erstatten. BetrVG § 43 (1)

Der Arbeitgeber ist zu den Betriebs- und Abteilungsversammlungen unter Mitteilung der Tagesordnung einzuladen. Er ist berechtigt, in den Versammlungen zu sprechen. Der Arbeitgeber oder sein Vertreter haben mindestens einmal in jedem Kalenderjahr in einer Betriebsversammlung über das Personal- und Sozialwesen des Betriebs einschließlich des Stands der Gleichstellung von Frauen und Männern im Betrieb sowie der Integration der im Betrieb beschäftigten ausländischen Arbeitnehmer, über die wirtschaftliche Lage und Entwicklung des Betriebs sowie über den betrieblichen Umweltschutz zu berichten, soweit dadurch nicht Betriebs- oder Geschäftsgeheimnisse gefährdet werden. BetrVG § 43 (2)

Ob der Betriebsrat von seinem Recht Gebrauch macht, vierteljährlich eine Betriebsversammlung einzuberufen, ist seine alleinige Entscheidung. In der Praxis finden im Jahresdurchschnitt wesentlich weniger Betriebsversammlungen statt als gesetzlich vorgeschrieben.

Jeder Mitarbeiter – unabhängig davon, ob er einer Gewerkschaft angehört – hat das Recht, an einer Betriebsversammlung teilzunehmen; er darf davon von seiner Führungskraft nicht abgehalten werden. Während einer Betriebsversammlung ruht üblicherweise die Arbeit – abgesehen von betriebsnotwendigen Funktionen wie bspw. Pförtner oder Telefonzentrale.

Die Teilnahme an einer Betriebsversammlung gilt als normale Arbeitszeit.

„Hausherr" bei der Betriebsversammlung ist der Betriebsrat – im Gegensatz zu einer Belegschaftsversammlung, zu welcher der Arbeitgeber die Belegschaft einladen kann. Der Arbeitgeber ist allerdings berechtigt, vom Betriebsrat die Durchführung einer Betriebsversammlung zu verlangen.

▶ Bußgeld

Verstößt ein Arbeitgeber vorsätzlich oder fahrlässig gegen eine gesetzliche Vorschrift, so kann er je nach Sachverhalt mit einer Geldbuße oder sogar mit einer Freiheitsstrafe bestraft werden. Solche Bußgeld- und Strafvorschriften gibt es u. a. bei Verstößen gegen das Arbeitsschutzgesetz sowie das Arbeitszeitgesetz. Auch im Rahmen des Betriebsverfassungsgesetzes werden Verstöße gegen die Aufklärungs- und Auskunftspflichten als Ordnungswidrigkeit gewertet, die mit einer Geldbuße von bis zu 10 000 € geahndet werden kann.

▶ Eingruppierung siehe Einstellung

▶ Einigungsstelle

Für den Fall, dass bei einer mitbestimmungspflichtigen Regelung zwischen dem Arbeitgeber und dem Betriebsrat keine Einigung erzielt wird, sieht das Betriebsverfassungsgesetz in zahlreichen Fällen eine Einigungsstelle vor. Der Spruch dieser Einigungsstelle ersetzt die Einigung zwischen dem Arbeitgeber und dem Betriebsrat.

Eine solche Einigungsstelle ist u. a. vorgesehen bei den Arbeitsbedingungen und Arbeitsabläufen (BetrVG § 91), Personalfragebogen und Beurteilungsgrundsätzen (BetrVG § 94), Auswahlrichtlinien (BetrVG § 95), Berufsbildung (BetrVG § 98) sowie bei sozialen Angelegenheiten (BetrVG § 87).

Eine ähnliche Funktion kommt der ständigen Schiedsstelle der Tarifvertragsparteien zu, die auf Antrag einer der Tarifvertragsparteien (Arbeitgeberverband, Arbeitgeber oder Gewerkschaft) über die Auslegung und Durchführung einer tarifvertraglichen Regelung verbindlich entscheidet.

▶ Einsicht in die Personalakte

Der Arbeitnehmer hat das Recht, in die über ihn geführten Personalakten Einsicht zu nehmen. Er kann hierzu ein Mitglied des Betriebsrats hinzuziehen. BetrVG § 83 (1)

Da Personalakten üblicherweise im Personalressort geführt werden, hat ein Mitarbeiter seinen Einsichtswunsch auch dort vorzutragen. Nachdem der Gesetzgeber den Begriff Personalakten in der Mehrzahl gebraucht, zählen zu denselben zweifelsfrei auch solche Mitarbeiterdaten, die beim unmittelbaren Vorgesetzten desselben vorhanden sind. Um keine Rechtunsicherheit aufkommen zu lassen oder Widersprüche zwischen den verschiedenen Daten aufklären zu müssen, empfiehlt es sich, nur eine Personalakte zu führen.

Das Einsichtsrecht in die Personalakte beschränkt sich auf die Daten des betreffenden Mitarbeiters. Vergleichende Beurteilungen, z. B. mit anderen Mitarbeitern im Zusammenhang mit einer Stellenbesetzung, fallen daher nicht darunter. Der Arbeitgeber hat daher dafür zu sorgen, dass solche Vergleiche vor Einsicht entfernt werden; dies wiederum setzt voraus, dass ein Einsichtswunsch rechtzeitig geäußert werden muss, um dem Personalressort die Möglichkeit einer vorherigen Aktendurchsicht zu geben.

Das Akteneinsichtsrecht gilt auch für Leitende Angestellte. SprAuG § 26 (2)

▶ Einstellung

In Unternehmen mit in der Regel mehr als zwanzig wahlberechtigten Arbeitnehmern hat der Arbeitgeber den Betriebsrat vor jeder Einstellung, Eingruppierung, Umgruppierung und Versetzung zu unterrichten, ihm die erforderlichen Bewerbungsunterlagen vorzulegen und Auskunft über die Person der Beteiligten zu geben; er hat den Betriebsrat unter Vorlage der erforderlichen Unterlagen Auskunft über die Auswirkungen der geplanten Maßnahme zu geben und die Zustimmung des Betriebsrats zu der geplanten Maßnahme einzuholen. BetrVG § 99 (1)

Einstellung bedeutet dabei jede Neueinstellung, Eingruppierung bedeutet die erstmalige, Umgruppierung eine spätere Zuordnung zu einer bestimmten Lohn- oder Gehaltsgruppe und Versetzung bedeutet eine Veränderung auf einen neuen Arbeitsplatz innerhalb oder außerhalb des zuständigen Betriebsratsbereichs.

Sofern es der Betriebsrat fordert und keine anders lautende Vereinbarung getroffen ist, kann der Betriebsrat die Vorlage der Bewerbungsunterlagen aller Bewerber verlangen – also auch derjenigen, die aus Ihrer Sicht für eine Einstellung überhaupt nicht infrage kommen und deshalb auch zu keinem Vorstellungsgespräch eingeladen werden.

Der Betriebsrat kann bei Vorliegen bestimmter, im Gesetz genau beschriebener Sachverhalte – BetrVG, § 99 (2) – seine Zustimmung zu einer geplanten Maßnahme verweigern.

Verweigert der Betriebsrat seine Zustimmung, so hat er dies unter Angabe von Gründen innerhalb einer Woche nach Unterrichtung durch den Arbeitgeber diesem schriftlich mitzuteilen. Teilt der Betriebsrat dem Arbeitgeber die Verweigerung seiner Zustimmung nicht innerhalb der Frist schriftlich mit, so gilt die Zustimmung als erteilt. BetrVG, § 99 (3)

Verweigert der Betriebsrat seine Zustimmung, so kann der Arbeitgeber beim Arbeitsgericht beantragen, die Zustimmung zu ersetzen. BetrVG, § 99 (4)

Auch wenn es dem Arbeitgeber erlaubt ist, bei Vorliegen dringender sachlicher Gründe die personelle Maßnahme zumindest vorläufig auch ohne eine vorliegende Zustimmung des Betriebsrats vorzunehmen (BetrVG § 100), empfiehlt es sich nicht, nicht zuletzt im Interesse des Bewerbers oder Mitarbeiters, eine solche personelle Einzelmaßnahme ohne Beachtung der gesetzlichen Vorschriften vorzunehmen. Im Übrigen ist zu beachten, dass nicht wenige Tarifverträge weitergehende Regelungen bei solchen personellen Einzelmaßnahmen vorsehen, u. a. die Schriftform von Arbeitsverträgen.

▶ Gleichbehandlung

Ziel des Gesetzes ist, Benachteiligungen aus Gründen der Rasse oder wegen der ethnischen Herkunft, des Geschlechts, der Religion oder Weltanschauung, einer Behinderung, des Alters oder der sexuellen Identität zu verhindern oder zu beseitigen. AGG § 1

Benachteiligungen aus einem in § 1 genannten Grund sind nach Maßgabe dieses Gesetzes unzulässig in Bezug auf:

(1) Die Bedingungen, einschließlich Auswahlkriterien und Einstellungsbedingungen, für den Zugang zu unselbstständiger und selbstständiger Erwerbstätigkeit, unabhängig von Tätigkeitsfeld und beruflicher Position, sowie für den beruflichen Aufstieg

(2) Die Beschäftigungs- und Arbeitsbedingungen einschließlich Arbeitsentgelt und Entlassungsbedingungen, insbesondere in individual- und kollektivrechtlichen Vereinbarungen und Maßnahmen bei der Durchführung und Beendigung eines Beschäftigungsverhältnisses sowie beim beruflichen Aufstieg

(3) Den Zugang zu allen Formen und allen Ebenen der Berufsberatung, der Berufsbildung einschließlich der Berufsausbildung, der beruflichen Weiterbildung und der Umschulung sowie der praktischen Berufserfahrung

(4) Die Mitgliedschaft und Mitwirkung in einer Beschäftigten- oder Arbeitgebervereinigung oder einer Vereinigung, deren Mitglieder einer bestimmten Berufsgruppe angehören, einschließlich der Inanspruchnahme der Leistungen solcher Vereinigungen

(5) Den Sozialschutz, einschließlich der sozialen Sicherheit und der Gesundheitsdienste

(6) Die sozialen Vergünstigungen

(7) Die Bildung

(8) Den Zugang zu und die Versorgung mit Gütern und Dienstleistungen, die der Öffentlichkeit zur Verfügung stehen, einschließlich von Wohnraum AGG, § 2

▶ **Kündigung**

Der Betriebsrat ist vor jeder Kündigung zu hören. Der Arbeitgeber hat ihm die Gründe für die Kündigung mitzuteilen. Eine ohne Anhörung des Betriebsrats ausgesprochene Kündigung ist unwirksam. BetrVG, § 102(1)

Hat der Betriebsrat gegen eine ordentliche Kündigung Bedenken, so hat er diese unter Angabe der Gründe dem Arbeitgeber spätestens innerhalb einer Woche schriftlich mitzuteilen. Äußert er sich innerhalb dieser Frist nicht, so gilt die Zustimmung zur Kündigung als erteilt. BetrVG, § 102 (2)

Sofern es sich bei dem gekündigten Mitarbeiter um einen Leitenden Angestellten im Sinne des § 5 (3) BetrVG handelt und im Unternehmen ein Sprecherausschuss der Leitenden Angestellten besteht, ist dieser vor einer Kündigung zu hören. Eine ohne Anhörung des Sprecherausschusses ausgesprochene Kündigung ist unwirksam. SprAuG § 31 (2)

Kündigungen können betriebliche oder persönliche Ursachen haben. Betriebliche Ursachen liegen u. a. in der Beschäftigungslage, in einem Standortwechsel des Unternehmens oder in einer neuen Organisation. Persönliche Ursachen können leistungs- oder verhaltensbezogen sein. Der Ausspruch einer Kündigung aus persönlichen Ursachen ohne eine vorhergehende Abmahnung oder Ermahnung hat in einem Arbeitsgerichtsprozess wenig Aussicht auf Bestand.

Für eine Änderungskündigung, d. h., die Änderung einzelner Regelungen innerhalb eines weiter bestehenden Arbeitsvertrags, gelten die Grundsätze einer Kündigung entsprechend. Eine Änderungskündigung ist eine Kündigung.

▶ Leistungsüberwachung

Der Betriebsrat hat ... bei der Einführung und Anwendung von technischen Einrichtungen, die dazu bestimmt sind, das Verhalten oder die Leistung der Arbeitnehmer zu überwachen, mitzubestimmen. BetrVG § 87 Absatz 1, Ziffer 6

Dies bedeutet konkret, dass bspw. die Einführung und Anwendung automatischer Mengenzähler als Anwesenheits- oder Abwesenheitskontrolle, die Erfassung der Zugriffszeiten auf EDV-Anlagen sowie Regelungen über die Betriebsdatenerfassung der vollen Mitbestimmung unterliegen.

▶ Leitende Angestellte

Leitender Angestellter ist, wer nach Arbeitsvertrag und Stellung im Unternehmen oder im Betrieb

1. zur selbstständigen Einstellung und Entlassung von im Betrieb oder in der Betriebsabteilung beschäftigten Arbeitnehmern berechtigt ist oder
2. Generalvollmacht oder Prokura hat und die Prokura auch im Verhältnis zum Arbeitgeber nicht unbedeutend ist oder
3. regelmäßig sonstige Aufgaben wahrnimmt, die für den Bestand und die Entwicklung des Unternehmens oder eines Betriebs von Bedeutung sind und deren Erfüllung besondere Erfahrungen und Kenntnisse voraussetzt, wenn er dabei entweder die Entscheidungen im Wesentlichen frei von Weisungen trifft oder sie maßgeblich beeinflusst; dies kann auch bei Vor-

gaben, insbesondere auf Grund von Rechtsvorschriften, Plänen oder Richtlinien sowie bei Zusammenarbeit mit anderen leitenden Angestellten gegeben sein. BetrVG § 5 (3)

Die konkrete Entscheidung, ob die Tätigkeit einer Führungskraft als unter den § 5 (3) BetrVG fallend zu betrachten ist, fällt in Absprache zwischen dem Arbeitgeber und dem Betriebsrat. Im Nichteinigungsfall entscheidet das Arbeitsgericht.

Praktische Bedeutung gewinnt die Zuordnung zu dieser Gruppe vor allem im Zusammenhang mit Kündigungen. Der Kündigungsschutz dieser Mitarbeitergruppe ist eingeschränkt (siehe Kündigung).

Die Zuordnung zur Gruppe der Leitenden Angestellten ist im Übrigen unabhängig von der tarifvertraglichen Abgrenzung zwischen Tarifangestellten und außertariflichen Angestellten.

▶ **Mehrarbeit**

Über die regelmäßige tarifliche Arbeitszeit hinausgehende Mehrarbeit (Überzeit) kann aufgrund tarifvertraglicher Regelungen nur mit Zustimmung des Betriebsrats eingeführt, bzw. angeordnet werden.

Mehrarbeit soll dabei nicht dauerhaft und nicht als Ersatz für mögliche Neueinstellungen genutzt werden. Die meisten Tarifverträge sehen daher für geleistete Mehrarbeit einen Ausgleich in Freizeit vor.

▶ **Mitbestimmungsrechte in sozialen Angelegenheiten**

(1) Der Betriebsrat hat, soweit eine gesetzliche oder tarifliche Regelung nicht besteht, in folgenden Angelegenheiten mitzubestimmen:
1. Fragen der Ordnung des Betriebs und des Verhaltens der Arbeitnehmer im Betrieb
2. Beginn und Ende der täglichen Arbeitszeit einschließlich der Pausen sowie Verteilung der Arbeitszeit auf die einzelnen Wochentage
3. Vorübergehende Verkürzung oder Verlängerung der betriebsüblichen Arbeitszeit
4. Zeit, Ort und Art der Auszahlung der Arbeitsentgelte
5. Aufstellung allgemeiner Urlaubsgrundsätze und des Urlaubsplans sowie die Festsetzung der zeitlichen Lage des Urlaubs für einzelne Arbeitneh-

mer, wenn zwischen dem Arbeitgeber und den beteiligten Arbeitnehmern kein Einverständnis erzielt wird

6. Einführung und Anwendung von technischen Einrichtungen, die dazu bestimmt sind, das Verhalten oder die Leistung der Arbeitnehmer zu überwachen

7. Regelungen über die Verhütung von Arbeitsunfällen und Berufskrankheiten sowie über den Gesundheitsschutz im Rahmen der gesetzlichen Vorschriften oder der Unfallverhütungsvorschriften

8. Form, Ausgestaltung und Verwaltung von Sozialeinrichtungen, deren Wirkungsbereich auf den Betrieb, das Unternehmen oder den Konzern beschränkt ist

9. Zuweisung und Kündigung von Wohnräumen, die den Arbeitnehmern mit Rücksicht auf das Bestehen eines Arbeitsverhältnisses vermietet werden, sowie die allgemeine Festlegung der Nutzungsbedingungen

10. Fragen der betrieblichen Lohngestaltung, insbesondere die Aufstellung von Entlohnungsgrundsätzen und die Einführung und Anwendung von neuen Entlohnungsmethoden sowie deren Änderung

11. Festsetzung der Akkord- und Prämiensätze und vergleichbarer leistungsbezogener Entgelte, einschließlich der Geldfaktoren

12. Grundsätze über das betriebliche Vorschlagswesen

13. Grundsätze über die Durchführung von Gruppenarbeit; Gruppenarbeit im Sinne dieser Vorschrift liegt vor, wenn im Rahmen des betrieblichen Arbeitsablaufs eine Gruppe von Arbeitnehmern eine ihr übertragene Gesamtaufgabe im Wesentlichen eigenverantwortlich erledigt

(2) Kommt eine Einigung über eine Angelegenheit nach Absatz 1 nicht zustande, so entscheidet die Einigungsstelle. Der Spruch der Einigungsstelle ersetzt die Einigung zwischen Arbeitgeber und Betriebsrat. BetrVG § 87 (1) und (2)

▶ Mutterschutz

Werdende Mütter dürfen nicht beschäftigt werden, soweit nach ärztlichem Zeugnis Leben oder Gesundheit von Mutter und Kind bei Fortdauer der Beschäftigung gefährdet ist. MuSchG § 3 (1)

Werdende Mütter dürfen in den letzten sechs Wochen vor der Entbindung nicht beschäftigt werden, es sei denn, dass sie sich zur Arbeitsleistung ausdrücklich bereit erklären; die Erklärung kann jederzeit widerrufen werden. MuSchG § 3 (2)

Mütter dürfen bis zum Ablauf von acht Wochen, bei Früh- und Mehrlingsgeburten bis zum Ablauf von zwölf Wochen nach der Entbindung nicht beschäftigt werden. MuSchG § 6 (1)

▶ Personalakquisition

Der Betriebsrat kann verlangen, dass Arbeitsplätze, die besetzt werden sollen, allgemein oder für bestimmte Tätigkeiten vor ihrer Besetzung innerhalb des Betriebs ausgeschrieben werden. BetrVG § 93

Dieses Recht des Betriebsrats gilt unabhängig vom Vorhandensein einer Personalplanung. Hintergrund dieses Mitwirkungsrecht des Betriebsrats bei der personellen Einzelmaßnahme einer Stellenbesetzung ist die Überlegung, dass ein Mitarbeiter, für welchen die zu besetzende Stelle einen beruflichen Aufstieg bedeutet, den Vorzug vor einem externen Bewerber haben soll – vorausgesetzt, er hat die geforderten Kenntnisse und Fähigkeiten. Erfolgt parallel zur internen Ausschreibung eine externe Ausschreibung, dann steht der interne Bewerber in Konkurrenz zum externen. Entscheidend für die Auswahl bleibt die bessere Qualifikation.

Dieses Initiativrecht des Betriebsrats ist jedoch auf den jeweiligen Betrieb beschränkt. Der betriebsverfassungsrechtliche Begriff des Betriebs ist enger gefasst als der Begriff des Unternehmens. Er ist in der Regel gleichzusetzen mit dem Zuständigkeitsbereich eines Standort-Betriebsrats.

▶ Personalplanung

Der Arbeitgeber hat den Betriebsrat über die Personalplanung, insbesondere über den gegenwärtigen und künftigen Personalbedarf sowie über die sich daraus ergebenden personellen Maßnahmen der Berufsbildung an Hand von Unterlagen rechtzeitig und umfassend zu unterrichten. Er hat mit dem Betriebsrat über Art und Umfang der erforderlichen Maßnahmen und über die Vermeidung von Härten zu beraten. BetrVG § 92, Absatz 1

Diese Unterrichtungs- und Beratungspflicht des Arbeitgebers gegenüber dem Betriebsrat obliegt in der Regel der Unternehmensleitung und nicht der einzelnen Führungskraft. Sie beschränkt sich allerdings auf solche Unternehmen, die ein Personalplanungssystem haben. Der Betriebsrat kann bei den übrigen Unternehmen eine solche Planung nicht erzwingen, der Gesetzgeber hat ihm nur ein Vorschlagsrecht zugestanden.

▶ Probezeit siehe Arbeitsvertrag

▶ **Überzeit** siehe Mehrarbeit

▶ **Unfallverhütung** siehe Arbeitsschutz

▶ **Umgruppierung** siehe Einstellung

▶ **Umweltschutz** siehe Arbeitsschutz

▶ **Urlaub**

Nach dem Bundesurlaubsgesetz (BUrlG) beträgt der jährliche Mindesturlaub mindestens 24 Werktage (§ 3)

Bei der Aufstellung allgemeiner Urlaubsgrundsätze und des Urlaubsplans hat der Betriebsrat gemäß § 87 (1), Ziffer 5 BetrVG eine echte Mitbestimmung – genauso wie bei fehlendem Einverständnis über die Urlaubsgewährung im Einzelfall.

Darüber hinaus bestehen zahlreiche tarifliche Regelungen hinsichtlich der Aufteilung des Urlaubs, dessen Abgeltung, Wartezeiten bei neuen Arbeitsverhältnissen, Minderung des Urlaubsanspruchs bei Krankheit sowie der Übertragung und dem Erlöschen eines Urlaubsanspruchs.

▶ **Vergütungsfragen** siehe Arbeitsentgelte

▶ **Versetzung** siehe Einstellung

▶ **Zeugnis**

Bei der Beendigung eines dauernden Dienstverhältnisses kann der Verpflichtete von dem anderen Teil ein schriftliches Zeugnis über das Dienstverhältnis und dessen Dauer fordern. Das Zeugnis ist auf Verlangen auf die Leistungen und die Führung im Dienst zu erstrecken. BGB § 630

Tarifvertragliche Regelungen sehen meist ein Recht auf Zeugniserteilung auch für den Fall vor, dass der Arbeitnehmer nicht ausdrücklich ein solches Zeugnis verlangt. Im Gegensatz zu dieser unabdingbaren Regelung setzt die Erteilung eines vorläufigen Zeugnisses im Kündigungsfall sowie eines Zwischenzeugnisses (unabhängig von einer Kündigung) einen Antrag des Arbeitnehmers voraus.

Die Rechtsprechung hat für Arbeitszeugnisse eindeutige Regeln aufgestellt. Ein Zeugnis muss klar und wahr sein. Es darf darüber hinaus keine (ausdrücklichen) Hinweise auf Eigenschaften oder Verhaltensweisen des Arbeitnehmers enthalten, welche diesen bei seinem weiteren beruflichen Fortkommen behindern würden. Vor diesem Hintergrund haben sich für die Beurteilung von Führung und Leistung in einem Arbeitszeugnis standardisierte Formulierungen gebildet, die für den Fachmann auch ohne ein ausdrückliches Erwähnen negativer Sachverhalte aussagefähig sind.

Gängige Formulierungen für die Leistungsbeurteilung:

- „sehr gut": „Der Mitarbeiter hat die ihm übertragenen Aufgaben stets zu unserer vollsten Zufriedenheit erledigt." Oder „Wir waren mit seinen Leistungen außerordentlich zufrieden."
- „gut": „Der Mitarbeiter hat die ihm übertragenen Aufgaben stets zu unserer vollen Zufriedenheit erledigt." Oder „Wir waren mit seinen Leistungen voll und ganz zufrieden."
- „befriedigend": „Der Mitarbeiter hat die ihm übertragenen Aufgaben zu unserer vollen Zufriedenheit erledigt." Oder „Der Mitarbeiter hat die ihm übertragenen Aufgaben stets zu unserer Zufriedenheit erledigt."
- „ausreichend": „Der Mitarbeiter hat die ihm übertragenen Aufgaben zu unserer Zufriedenheit erledigt." Oder „Mit seinen Leistungen waren wir zufrieden."
- „mangelhaft": „Der Mitarbeiter hat die ihm übertragenen Aufgaben im Großen und Ganzen zu unserer Zufriedenheit erledigt." Oder „Er hat unsere Erwartungen größtenteils erfüllt."
- „ungenügend": „Der Mitarbeiter bemühte sich, die ihm übertragenen Aufgaben zufriedenstellend zu erledigen." Oder „Er hatte Gelegenheit, die ihm übertragenen Aufgaben zu erledigen."

Gängige Formulierungen für die Führungsbeurteilung:

- „sehr gut": „Sein Verhalten zu Vorgesetzten, Arbeitskollegen, Mitarbeitern und Kunden war stets vorbildlich."
- „gut": „Sein Verhalten zu Vorgesetzten, Arbeitskollegen, Mitarbeitern und Kunden war vorbildlich."
- „befriedigend": „Sein Verhalten zu Mitarbeitern und Vorgesetzten war vorbildlich."
- „ausreichend": „Sein Verhalten zu Vorgesetzten (alternativ: zu Arbeitskollegen war vorbildlich."

- „mangelhaft": „Sein persönliches Verhalten war insgesamt einwandfrei."
- „ungenügend": „Sein persönliches Verhalten war insgesamt einwandfrei."

Literaturhinweise

Bleicher, K., Zukunftsperspektiven organisatorischer Entwicklung. Von strukturellen zu humanzentrierten Ansätzen, in: Zeitschrift für Organisation, 3/1990

Bleicher, K., Strukturen und Kulturen im Umbruch: Herausforderung für den Organisator, in: Zeitschrift für Organisation, 2/1986

DGFP, Deutsche Gesellschaft für Personalführung, Zukunft der Mitarbeiterführung. Ergebnisse einer Expertenbefragung, in: Personalführung 6/1995

Femppel, K., Das Personalwesen in der deutschen Wirtschaft – Eine empirische Untersuchung, in: Hummel, Th. R./Wagner, D./Zander, E. (Hrsg.), Hochschulschriften zum Personalwesen, München und Mering, 2000

Femppel, K./Böhm, H., Ziele und variable Vergütung in einem dynamischen Umfeld, Bielefeld, 2007

Femppel, K./Zander, E., Leistungsorientierte Vergütung, Köln, 2000

Franke, D./Zicke, B./Zils, F. (Hrsg.), Geprüfter Personalfachkaufmann/Geprüfte Personalfachkauffrau, 3. Auflage, München, 2006

Gesamtmetall, Mensch und Arbeit, Köln, 1989

Knebel, H./Zander, E., Kleine Führungspraxis, Heidelberg, 1996

Macharzina, K., Unternehmensführung, Wiesbaden, 4. Auflage, 2003

Macharzina, K./Dedler, K., Ökonomische Analyse der internen Informationspolitik der Unternehmung, Stuttgart, 1986

Neuberger, O., Das 360-Grad-Feedback, München und Mering, 2000

Neuberger, O., Führen und Führen lassen, 6. Auflage, Stuttgart, 2002

Oechsler, W. A., Personal und Arbeit, 8. Auflage, München/Wien, 2006

Olesch, G., Schwerpunkte der Personalarbeit. Personalmanagement zur Jahrtausendwende, Heidelberg, 1997

Potthoff, E., Aufbau der Personalabteilung, in: Handwörterbuch des Personalwesens, Stuttgart, 1992

Scholz, Ch., Personalmanagement zwischen Rezession und Restrukturierung, in: Scholz, Ch./Oberschulte, H. (Hrsg.), Personalmanagement in Abhängigkeit von der Konjunktur, Sonderband der Zeitschrift für Personalforschung 1994, München und Mering, 1994

Scholz, Ch., Personalmanagement. Informationsorientierte und verhaltensorientierte Grundlagen., München, 2000

Wirth, H./Beck, M., Personalführung und Personalarbeit in Betrieben Bayerns, München, 1986

Wunderer, R., Führung und Zusammenarbeit. Eine unternehmerische Führungslehre, München, 2006

Wunderer, R./Dick, P., Personalmanagement. Quo vadis? Analyse und Prognosen zu Entwicklungstrends bis 2010, München, 2006

Wunderer, R./Kuhn, Th., Unternehmerisches Personalmanagement. Konzepte, Prognosen, Strategien für das Jahr 2000, Frankfurt/New York, 1993

Zander, E., Goethe und die Menschenführung, München und Mering, 1995

Zander, E., Personalführung, in: Wagner, D./Zander, E./Hauke, Ch. (Hrsg.), Handbuch der Personalleitung. Funktion und Konzeption der Personalarbeit im Unternehmen, München, 1993

Zander, E./Femppel, K., Praxis der Mitarbeiter-Information, München, 2002

Zander, E./Halberstadt, G., Mitarbeiterinformation als Führungsaufgabe, Köln, 1995

Zander, E./Knebel, H., Praxis der Leistungsbeurteilung, Heidelberg, 1993

Zander, E./Popp, G. J., Taschenbuch Personalpolitik, Heidelberg, 2000

Buchanzeigen

Der Start in den Beruf

Hugo-Becker
Der Test zur Berufswahl

Meine Motive, Vorlieben und Stärken.
Der Test zeigt, wo Stärken, Schwächen und Vorlieben liegen. Die Ergebnisse helfen, Fehler bei der Berufswahl zu vermeiden.

1. Aufl. 2005. 250 S.
€ 9,50. dtv 50884

Reinker
Das Job-Lexikon

Erste Hilfe für den Berufsstart.
Eine Fülle von Informationen, praktischen Tipps und Denkanstößen, garniert mit witzigen Beispielen aus dem Berufsalltag.

1. Aufl. 2004. 768 S. €
€ 19,50. dtv 50878

Aus den Pressestimmen:
»Besonders schön: der Mix aus seriöser Information und witzigen Beispielen aus dem Berufsalltag.«
Young Miss

»Die wichtigsten Finten und fiesesten Fettnäpfchen für Berufseinsteiger.«
SPIEGEL online

»750 Seiten voller Tipps, Infos und Denkanstöße – was soll da noch passieren.«
Berliner Morgenpost

Nasemann
Richtig bewerben

Praktische Hinweise für die Stellensuche, Inhalt und Form der Bewerbung, alle Rechtsfragen zu Vorstellungsgespräch und Einstellungstest.

6. Aufl. 2007. 164 S. §
€ 8,–. dtv 50608

Göpfert
Aktiv bewerben

Tipps für die Stellensuche, Bewerbung und Vorstellung. Anschauliche Beschreibungen und Beispiele, Formulierungsvorschläge und

praxisnahe Tipps helfen, ein individuelles Bewerbungskonzept zu entwickeln und in allen Phasen der Bewerbung überzeugend zu argumentieren.

1. Aufl. 2006. 185 S.
€ 9,50. dtv 50896

Hell
Assessment Center

Souverän agieren – gekonnt überzeugen.
Der Band beantwortet alle Fragen rund um ein Assessment Center: Erwartungen, Abläufe, mögliche und auch »inoffizielle« Übungen, Beurteilung. Mit praktischen Tipps und Übungsbeispielen.

1. Aufl. 2006. 181 S.
€ 9,50. dtv 50892

Beruf und Karriere

**Erfolgsfaktor
Persönlichkeit**

Managementerfolg durch
Leistungsfähigkeit und Motivation

Von Laila M. Hofmann,
Klaus Linneweh
und Richard K. Streich

Beck-Wirtschaftsberater im dtv

**Kreativitäts-
techniken**

Methoden und Übungen

Von Michael Knieß

**Erfolgreich
im Team**

Praxisnahe Anregungen für effiziente
Team- und Projektarbeit
Von Christoph V. Haug
3. Auflage

Beck-Wirtschaftsberater im dtv

Hofmann/Linneweh/Streich
Erfolgsfaktor Persönlichkeit

Managementerfolg durch
Leistungsfähigkeit und
Motivation.
Positiver Umgang mit An-
forderungen im beruflichen
und privaten Umfeld, Selbst-
reflexion, Möglichkeiten zur
Bewältigung von als stress-
haft erlebten Situationen –
hier finden Führungskräfte
einen fundierten Überblick
über Ansatzmöglichkeiten
zur Erreichung einer befrie-
digenden Work-Life-Balance.

1. Aufl. 2006. 307 S.   €
€ 14,50. dtv 50904

Cassens
Work-Life-Balance

Wie Sie Ihr Berufs- und Privat-
leben in Einklang bringen.
Möglichkeiten für ein System
zur erfolgreichen Bewältigung
Ihrer individuellen Aufgaben
und zur Vermeidung von
Zivilisationskrankheiten.

1. Aufl. 2003. 214 S.   €
€ 9,50. dtv 50872

Knieß
Kreativitätstechniken

Methoden und Übungen.
Kreativität ist der Schlüssel
zum Erfolg. Neben einem
Überblick über Methoden
und Einsatz gibt es in einem
umfangreichen Praxisteil
Beispiele und Übungsauf-
gaben, die konkret helfen,
das kreative Verhalten zu
fördern.

1. Aufl. 2006. 268 S.
€ 9,50. dtv 50906

Fuchs-Brüninghoff/Gröner
**Zusammenarbeit
erfolgreich gestalten**

Eine Anleitung mit
Praxisbeispielen.

1. Aufl. 1999. 203 S.   €
€ 9,15. dtv 50834

Hugo-Becker/Becker
Motivation

Neue Wege zum Erfolg.

1. Aufl. 1997. 419 S.   €
€ 10,17. dtv 5896

Haug
Erfolgreich im Team

Praxisnahe Anregungen für
effiziente Team- und Pro-
jektarbeit.
Mit Diagnose von Erfolgs-
faktoren und konkreten
Hilfestellungen.

3. Aufl. 2003. 187 S.   €
€ 9,–. dtv 5842

Bender
Teamentwicklung

Der effektive Weg zum »Wir«.
Systematische Führung
durch die Phasen der Teamentwicklung mit Anleitung
für effiziente Teamleitung.

1. Aufl. 2002. 284 S.   €
€ 12,50. dtv 50858

Zeichenerklärung: § Rechtsberater € Wirtschaftsberater

Beruf und Karriere

Femppel/Zander
Praxis der Personalführung

Was Sie tun und lassen sollten.
Das Was und Wie der Personalführung, 99 Tipps, Fallbeispiele, Führungsgrundsätze.

2. Aufl. 2008. 162 S.   €
€ 10,–. dtv 50841
In Vorbereitung für
Februar 2008

Hugo-Becker/Becker
Psychologisches Konfliktmanagement

Menschenkenntnis –
Konfliktfähigkeit –
Kooperation.

4. Aufl. 2004. 418 S.   €
€ 13,–. dtv 5829

Drzyzga
Personalgespräche richtig führen

Ein Kommunikationsleitfaden.
Der rasche Überblick über die fachlichen und psychologischen Faktoren des Gesprächs mit Mitarbeitern.

1. Aufl. 2000. 148 S.   €
€ 8,64. dtv 50840

Stender-Monhemius
Schlüsselqualifikationen

Zielplanung, Zeitmanagement, Kommunikation, Kreativität.

1. Aufl. 2006. 163 S.   €
€ 9,50. dtv 50910

Mentzel
Personalentwicklung

Erfolgreich motivieren,
fördern und weiterbilden.
Bedarfsfeststellung, Planung und Durchführung der Förder- und Bildungsmaßnahmen, Kosten- und Erfolgskontrolle.

2. Aufl. 2005. 318 S.   €
€ 10,–. dtv 50854

Weisbach
Professionelle Gesprächsführung

Ein praxisnahes Lese- und Übungsbuch.
Wie das Gespräch als Mittel der Führung zweckmäßig, zielorientiert und rationell genutzt werden kann.

6. Aufl. 2003. 494 S.   €
€ 12,–. dtv 5845

Weisbach/Sonne-Neubacher
Leadership in Professional Conversation

Translation of »Professionelle Gesprächsführung«

1. Aufl. 2005. 420 S.   €
€ 14,–. dtv 50879

Weisbach
Wie Sie andere für sich gewinnen

Die Kunst der Gesprächsführung.
Wie man die Beziehung zum Gesprächspartner so gestaltet, dass beide gewinnen.

1. Aufl. 2007. 164 S.   €
€ 9,50. dtv 50916

Haberzettl/Schinwald
Change Management

Wie Sie Mitarbeiter an Veränderungen beteiligen.

1. Aufl. Rd. 200 S.   €
Ca. € 12,50. dtv 50905
In Vorbereitung

Neuhäuser-Metternich
Kommunikation im Berufsalltag

Verstehen und verstanden werden.

1. Aufl. 1994. 300 S.   €
€ 8,64. dtv 5869

Diekmann/Fang
China Knigge

Business und interkulturelle Kommunikation.
Ein Überblick über die Bandbreite chinesischer Verhaltenstraditionen im Alltags- und Geschäftsleben.

1. Aufl. 2007. 201 S.   €
€ 14,–. dtv 50915

Bühring-Uhle/Eidenmüller/Nelle
Verhandlungsmanagement

Intuition - Strategie - Effektivität.
Agieren Sie zielgerichtet und erfolgreich.

1. Aufl. 2008. Rd. 250 S.
Ca. € 13,50. dtv 50640
In Vorbereitung für
Anfang 2008

Mentzel
Rhetorik

Sicher und erfolgreich sprechen.
Bausteinsystem für die Vorbereitung und Durchführung eines Vortrags. Zahlreiche Übungen, um die vorgestellten Regeln und Empfehlungen im Einzel- oder Gruppentraining zu vertiefen.

1. Aufl. 2000. 228 S.   €
€ 8,44. dtv 50845

Weisbach
Gekonnt kontern

Wie Sie verbale Angriffe souverän entschärfen.
Gewußt wie: Gekonnt kontern ist weniger eine Frage der Spontaneität als vielmehr der Ausdruck guter Vorbereitung. Die wichtigsten Tipps finden Sie hier.

1. Aufl. 2004. 197 S.   €
€ 9,–. dtv 50885

Jeske
Erfolgreich verhandeln

Grundlagen der Verhandlungsführung.

1. Aufl. 1998. 238 S.   €
€ 8,64. dtv 50824

Nückles/Gurlitt/Pabst/Renkl
Mind Maps und Concept Maps

Visualisieren, Organisieren, Kommunizieren.
Mit Lern- und Arbeitstechniken das individuelle und kooperative Wissensmanagement auf einfache wie effektive Weise unterstützen.

1. Aufl. 2004. 162 S.   €
€ 9,50. dtv 50877

Mentzel
Kommunikation

Grundlagen der Kommunikation: Mit anderen sprechen – Gespräch, Verhandlung, Moderation, Smalltalk.
Vor anderen sprechen – Sachvortrag, Präsentation, Gelegenheitsrede.
Visualisierung – Der Körper spricht immer mit.

1. Aufl. 2007. 301 S.
€ 10,–. dtv 50869

Breger/Grob
Präsentieren und Visualisieren

... mit und ohne Multimedia.

1. Aufl. 2003. 265 S.   €
€ 11,–. dtv 50855

Beruf und Karriere

Haberzettl/Birkhahn
Moderation und Training
Ein praxisorientiertes Handbuch.
Das Buch zeigt eine Auswahl hocheffektiver Methoden des NLP und anderer Verfahren so, dass sie unmittelbar anwendbar und sofort umsetzbar sind.

1. Aufl. 2004. 288 S. €
€ 12,50. dtv 50866

Klotzki
Wie halte ich eine gute Rede?
In 7 Schritten zum Publikumserfolg.

1. Aufl. 2004. 116 S. €
€ 8,–. dtv 50873

Baumert
Professionell texten
Grundlagen, Tipps und Techniken.

2. Aufl. 2008. 234 S. €
€ 10,–. dtv 50868
In Vorbereitung für Februar 2008

Briese-Neumann
Erfolgreiche Geschäftskorrespondenz
Perfektion in Form und Stil.
Dieser Ratgeber liefert das Handwerkszeug für professionelle Korrespondenz und für das Texten generell.

2. Aufl. 2001. 303 S. €
€ 10,–. dtv 5878

Briese-Neumann
Optimale Sekretariatsarbeit
Büroorganisation und Arbeitserfolg. Ein Leitfaden für Chefs und Sekretariatsmitarbeiter. Mit Checklisten, Tipps und Beispielen.

1. Aufl. 1998. 308 S. €
€ 10,17. dtv 50804

Barth
Telefonieren mit Erfolg
Die Kunst des richtigen Telefonmarketing.
Dieser Berater führt in die Grundlagen der Kommunikation ein. Bewährte Methoden und Tricks werden ebenso vorgestellt wie kluge Fragetechniken.

2. Aufl. 2005. 137 S. €
€ 7,50. dtv 50846

Business English
Wirtschaftswörterbuch
Englisch – Deutsch / Deutsch – Englisch
Von Wilhelm Schäfer

Schäfer
Business English
Wirtschaftswörterbuch
Englisch – Deutsch / Deutsch – Englisch.
Mit rd. 36000 Stichwörtern alle wichtigen grundlegenden Begriffe der englischen und deutschen Wirtschaftssprache.

1. Aufl. 2006. 859 S. €
€ 19,50. dtv 50893

Kunz
Vom Mitarbeiter zur Führungskraft
Die erste Führungsaufgabe erfolgreich übernehmen. Hinweise, Tipps und praktische Hilfen zeigen, wie man sich auf die neue Rolle als Teamleiter vorbereiten kann – im Zeitraum von der Entscheidung bis zur ersten Ausübung der neuen Führungsaufgabe und den „ersten 100 Tagen" im neuen Job.

1. Aufl. 2007. 330 S. €
€ 12,50. dtv 50913

Assig
Frauen in Führungspositionen
Die besten Erfolgskonzepte aus der Praxis.

»Warum Frauen in der Wirtschaft zunehmend gefragt sind – nein, besser: wären? Dorothea Assigs Buch führt eine ganze Reihe von Argumenten auf – nicht aus der Hüfte geschossen, sondern wissenschaftlich fundiert.«
Süddeutsche Zeitung

1. Aufl. 2001. 252 S. €
€ 10,–. dtv 50849

Starthilfen für Unternehmer

Füser
Ratgeber Existenzgründung

1000 Ideen und Checklisten zum Erfolg.
Eine Fülle von Anregungen für unternehmerisch denkende Praktiker.

2. Aufl. 2004. 490 S. €
€ 13,–. dtv 50828

Schaub/Reiserer
Ich mache mich selbständig

Hürden nehmen – Chancen nutzen.
Ein umfassender Überblick über die öffentlich-rechtlichen und privatrechtlichen Rahmenbedingungen für den Schritt in die Selbständigkeit.

6. Aufl. 2008. Rd. 640 S. §
Ca. € 15,–. dtv 5236
In Vorbereitung für Frühjahr 2008

Bonnemeier
Praxisratgeber Existenzgründung

Erfolgreich starten und auf Kurs bleiben.
Konkrete Handlungsempfehlungen für alle Phasen der Existenzgründung und die erste Zeit danach.

2. Aufl. 2008. 702 S. €
€ 17,50. dtv 50874

Hammer
Soll ich mich selbständig machen?

Chancen und Risiken bei der Neugründung, Geschäftsübernahme oder Beteiligung, Standortwahl, Finanzierung, Recht, Marketing und Controlling.

4. Aufl. 2005. 252 S. €
€ 9,50. dtv 5853

Grimm
Existenzgründung in den USA

Standort, Rechtsform, Finanzierung, Personal.

1. Aufl. 1999. 360 S. €
€ 15,29. dtv 50826

Waldner/Wölfel
So gründe und führe ich eine GmbH

Vorteile nutzen – Risiken vermeiden.
Haftungsbeschränkung, Gründungsvoraussetzungen, Vertragsgestaltung, Geschäftsführer, Gesellschafterversammlung, Liquidation, Steuer- und Kostenrecht.

8. Aufl. 2005. 239 S. §
€ 9,50. dtv 5278

Geigenberger
Risikokapital für Unternehmensgründer
Der Weg zum Venture Capital.
Venture-Capital-Finanzierung Schritt für Schritt von der Anfrage bis zum Exit.

2. Aufl. 2006. 252 S. €
€ 14,50. dtv 50832

Wiester
Die GmbH in der Unternehmenskrise
Lösungswege für den Geschäftsführer.
Ein fundierter Überblick über alle relevanten Handlungs- und Sanierungsoptionen, Pflichten und Haftungsrisiken.

1. Aufl. 2007. 335 S. §
€ 15,–. dtv 50638

Waldner/Wölfel
GbR · OHG · KG
Gründen – Betreiben – Beenden.
Gesellschaft des bürgerlichen Rechts, Offene Handelsgesellschaft, Kommanditgesellschaft, GmbH & Co. KG. Vertragsgestaltung, Geschäftsführung und Vertretung, Haftung, Liquidation, Steuer- und Kostenrecht.

7. Aufl. 2006. 240 S. §
€ 9,50. dtv 5294

Ek/von Hoyenberg
Aktiengesellschaften
Gründung, Leitung, Börsengang.
Ratgeber für alle, die eine AG gründen, sich an einer bestehenden AG beteiligen, als Vorstand eine AG leiten oder ein Aufsichtsratsmandat übernehmen möchten.

2. Aufl. 2006. 275 S. §
€ 12,50. dtv 5684

Ek/von Hoyenberg
Unternehmenskauf und -verkauf
Grundlagen, Gestaltung, Haftung, Steuer- und Arbeitsrecht, Übernahmen.
Der umfassende und praxisnahe Leitfaden.

1. Aufl. 2007. 288 S. §
€ 14,50. dtv 50646

Bestmann
Finanzmanagement
Unternehmensfinanzierung für kleine und mittlere Unternehmen, Freiberufler und Existenzgründer – von der Kapital- und Bedarfsplanung über die Kapitalbeschaffung bis zur laufenden Kontrolle der Finanzen vor der gesamten Markt- und Unternehmenssituation.

1. Aufl. Rd. 350 S. €
Ca. € 14,50. dtv 50881
In Vorbereitung

Ottersbach
Der Businessplan

Praxisbeispiele für Unternehmensgründer und Unternehmer.
Funktion, Inhalt und Darstellungsform eines Businessplans werden anhand zahlreicher Beispiele erläutert.

1. Aufl. 2007. 256 S. €
€ 10,–. dtv 50875

Sattler
Unternehmerisch denken lernen

Das Denken in Strategie, Liquidität, Erfolg und Risiko. Wie sichern Unternehmen unmittelbar ihre Existenz? Woran erkennt man erfolgreiche Unternehmen? Was muss man wissen, um langfristig Erfolg zu haben?

2. Aufl. 2003. 217 S. €
€ 10,–. dtv 50819

Böttges-Papendorf/Weiler
So führe ich mein Unternehmen sicher

Erfolgreiches Management im Mittelstand.
Konkrete Tipps, wie gerade kleine und mittlere Unternehmen moderne Management-Techniken nutzen, Stärken und Schwächen ihres Betriebes analysieren und erfolgversprechende Maßnahmen planen und umsetzen können.

1. Aufl. 2005. 198 S. €
€ 9,50. dtv 50891

Jossé
Balanced Scorecard

Ziele und Strategien messbar umsetzen.
Das Konzept, das unternehmerische Vision nicht nur in Strategien transferiert, sondern auch konkrete Ziele und Maßnahmen schlüssig abzuleiten hilft.

1. Aufl. 2005. 329 S. €
€ 12,50. dtv 50870 →

Girlich/Maier/Steindl
Steuerwissen für Existenzgründer

Praktische Tipps zu Steuern, Recht und Sozialversicherung.
Die Autoren zeigen Gefahren und Tücken des komplizierten Steuerrechts auf und helfen mit verständlichen Anregungen, Beispielen und Checklisten, häufige Fehler in der Startphase zu vermeiden.

4. Aufl. 2007. 335 S. €
€ 14,–. dtv 50831
Neu im September 2007

Zeichenerklärung: § *Rechtsberater* € *Wirtschaftsberater*

Buchhaltung, Rechnungswesen, Controlling

Herrling/Mathes
Der Buchführungs-ratgeber

Grundlagen und Beispiele. Schritt für Schritt vom Controlling über Beschaffungs-, Umsatzsteuer-, Wechsel- und Personalkostenbuchungen bis hin zu den notwendigen Jahresabschlussarbeiten. Mit Übungsaufgaben und Lösungen.

5. Aufl. 2006. 419 S. €
€ 12,50. dtv 5836

Schultz
Basiswissen Rechnungswesen

Buchführung, Bilanzierung, Kostenrechnung, Controlling. Grundlagen der Unternehmensführung.
Dieser Überblick über das gesamte betriebliche Rechnungswesen zeigt mit Beispielen und Übersichten die Verzahnung von Buchführung, Bilanzierung, Kostenrechnung und Controlling.

4. Aufl. 2006. 292 S. €
€ 10,–. dtv 50815

Scheffler
Lexikon der Rechnungslegung

Buchführung, Finanzierung, Jahres- und Konzernabschluss nach HGB und IFRS.
Dieses Lexikon ist Nachschlagewerk und Ratgeber für alle Fragen zur Darstellung und Beurteilung der Vermögens-, Finanz- und Ertragslage von Unternehmen und Konzernen.

2. Aufl. 2007. 502 S. €
← € 15,–. dtv 50814

Tanski
Internationale Rechnungslegungsstandards

IFRS/IAS Schritt für Schritt. Viele Beispiele und grafische Übersichten machen das Verständnis der IAS (International Accounting Standards) leicht und zeigen die markanten Unterschiede zur HGB-Bilanzierung.

2. Aufl. 2005. 393 S. €
€ 14,–. dtv 50852

Scheffler
Bilanzen richtig lesen

Rechnungslegung nach HGB und IAS/IFRS.
Bilanz, Bewertung, Gewinn- und Verlustrechnung, Bilanzanalyse, Bilanzpolitik.

7. Aufl. 2006. 439 S. €
€ 11,–. dtv 5827

Buchhaltung, Rechnungswesen, Controlling

Jossé
Basiswissen Kostenrechnung

Kostenarten, Kostenstellen, Kostenträger, Kostenmanagement.
Die bewährten Systeme der Kostenrechnung.

5. Aufl. 2008. 266 S. €
€ 9,50. dtv 50811

Füser/Gleißner
Rating-Lexikon

800 Stichwörter mit Fakten und Checklisten rund um Basel II.

1. Aufl. 2005. 567 S. €
€ 17,50. dtv 50882

Schneck/Morgenthaler/ Yesilhark
Rating

Wie Sie sich effizient auf Basel II vorbereiten.
Wie läuft ein Rating ab, welche Kriterien sind maßgeblich, und wie kann man sich als Unternehmen darauf vorbereiten?
Mit Beispielen, Fällen und Anwendungsberichten.

1. Aufl. 2004. 232 S. €
€ 10,–. dtv 50871

Witt
Controlling-Lexikon

Von ABC-Analyse bis Zwischenbericht.
Das Controlling-Lexikon zeigt, wie schlankes, modernes und effizientes Controlling aussieht.

1. Aufl. 2002. 907 S. €
€ 24,–. dtv 50851

Jossé
Basiswissen Controlling

Instrumente für die Praxis.

1. Aufl. 2008. Rd. 280 S. €
Ca. € 10,–. dtv 50907
In Vorbereitung für Frühjahr 2008

Horváth & Partners
Das Controllingkonzept

Der Weg zu einem wirkungsvollen Controllingsystem.
Wie setzt man Controlling in die Praxis um? Arbeitsschritte und Fallbeispiele.

6. Aufl. 2006. 362 S. €
€ 12,–. dtv 5812

Beimler/Maier
Ratgeber Betriebsprüfung

Praktische Tipps zu Ablauf, Schwerpunkten und Prüfungsmethoden.

1. Aufl. 2008. Rd. 250 S. €
Ca. € 14,–. dtv 50909
In Vorbereitung für Frühjahr 2008

Management und Marketing

Rittershofer
Wirtschafts-Lexikon
Über 4000 Stichwörter für Studium und Praxis.

3. Aufl. 2005. 1214 S.   €
€ 20,–. dtv 50844

Schultz
Basiswissen Betriebswirtschaft
Management, Finanzen, Produktion, Marketing.
Das Buch bietet einen Überblick über die gesamte Betriebswirtschaft und ist gleichermaßen Nachschlagewerk wie Handbuch für Studium und Praxis.

2. Aufl. 2006. 335 S.   €
€ 10,–. dtv 50863

Schäfer
Management & Marketing Dictionary
Englisch – Deutsch / Deutsch – Englisch.
Die vollständig überarbeitete Neuauflage enthält in nun einem Band mehr als 26 000 Stichwörter.

3. Aufl. 2004. 768 S.   €
€ 19,50. dtv 50887

Schneck
Lexikon der Betriebswirtschaft
3500 grundlegende und aktuelle Begriffe für Studium und Beruf.

7. Aufl. 2007. 1104 S.   €
€ 19,50. dtv 5810

Pepels
Marketing-Lexikon
Über 3000 grundlegende und aktuelle Begriffe für Studium und Beruf.

2. Aufl. 2002. 969 S.   €
€ 22,–. dtv 5884

Becker
Das Marketingkonzept
Zielstrebig zum Markterfolg!
Die notwendigen Schritte für schlüssige Marketingkonzepte, systematisch und mit Fallbeispielen.

3. Aufl. 2005. 292 S.   €
€ 10,-. dtv 50806

Becker
Lexikon des Personalmanagements
Über 1000 Begriffe zu Instrumenten, Methoden und rechtlichen Grundlagen betrieblicher Personalarbeit.

2. Aufl. 2002. 677 S.   €
€ 19,–. dtv 5872

Hörner
Marketing im Internet
Der neue Band bietet eine Fülle von Tipps und Anregungen und unterstützt sowohl Unternehmer und Marketing-Mitarbeiter wie auch Freiberufler optimal im Online-Marketing.

1. Aufl. 2006. 308 S.   €
€ 10,–. dtv 50895

Röthlingshöfer
Mundpropaganda-Marketing
Was Unternehmen wirklich erfolgreich macht.
Alles über die Grundlagen, das aktuelle Wissen mit Erfolgsbeispielen, Checklisten und praxisnahe Tipps.

1. Aufl. 2008. 217 S.   €
€ 10,–. dtv 50914
In Vorbereitung für Januar 2008

Kleine-Doepke/Standop/ Wirth
Management-Basiswissen
Konzepte und Methoden zur Unternehmenssteuerung.

3. Aufl. 2006. 323 S.   €
€ 14,–. dtv 5861

Neumann/Nagel
Professionelles Direktmarketing
Das Praxisbuch mit Online-Marketing.

2. Aufl. 2007. 361 S.   €
€ 14,–. dtv 5886

Wissmeier
Marketing mit kleinem Budget
Der Praxisratgeber für Selbständige, kleine und mittlere Unternehmen:
Marktinformationen, Marktstrategien, Marketing-Instrumente, Marketing-Mix, Marketingbudget, Marketingplan, Erfolgskontrolle, Erfolgsfaktoren.

1. Aufl. 2008. Rd. 200 S.   €
Ca. € 10,–. dtv 50908
In Vorbereitung für Frühjahr 2008

Füser
Modernes Management
Business Reengineering, Benchmarking, Wertorientiertes Management und viele andere Methoden.

4. Aufl. 2007. 266 S.   €
€ 12,–. dtv 50809

Zeichenerklärung: § Rechtsberater € Wirtschaftsberater

Diller
Vahlens Großes Marketinglexikon

2 Bände im Schuber.

2. Aufl. 2003. 1966 S.   €
€ 49,–. dtv 50861

Bruhn
Kundenorientierung

Bausteine für ein exzellentes Customer Relationship Management (CRM). Innovationsmanagement, Qualitätsmanagement, Servicemanagement, Kundenbindungsmanagement, Beschwerdemanagement, Integrierte Kommunikation sowie Internes Marketing.

3. Aufl. 2007. 421 S.   €
€ 15,–. dtv 50808

Schelle
Projekte zum Erfolg führen

Projektmanagement systematisch und kompakt. Systematisches Projektmanagement führt zu hoher Termin- und Kostentreue und zum sicheren Erreichen des geplanten Ergebnisses. Es lohnt sich nicht nur in der Großindustrie und bei großen Vorhaben, sondern kann auch in der mittelständischen Wirtschaft und bei kleinen Projekten gewinnbringend angewandt werden. Der Ratgeber bietet eine übersichtliche und gut verständliche Einführung.

5. Aufl. 2007. 339 S.   €
€ 12,–. dtv 5888

Röthlingshöfer
Werbung mit kleinem Budget

Der Ratgeber für Existenzgründer, kleine und mittlere Unternehmen. Ganz ohne Werbedeutsch zeigt der Ratgeber, was man für erfolgreiche Werbung braucht.

1. Aufl. 2004. 255 S.   €
€ 10,–. dtv 50876

Hoffmann/Schoper/ Fitzsimons
Internationales Projektmanagement

Interkulturelle Zusammenarbeit in der Praxis. Kommunikation und Information, Führung im Projekt, Entscheidungsfindung, Konflikt-, Risiko- und Lieferantenmanagement, Projektorganisation und -steuerung u.v.m.

1. Aufl. 2004. 375 S.   €
€ 14,–. dtv 50883

Zeichenerklärung: § *Rechtsberater* € *Wirtschaftsberater*